Fulda, Februar 2008 • Es kann nur gerätselt werden, was die beiden jungen Männer (18 und 19) getrieben hat, als sie in der Nacht von Montag auf Dienstag im Hauptbahnhof von Fulda auf einen Zug kletterten. Es war kein gewöhnlicher Montag, sondern Rosenmontag, da kommt man schon mal auf seltsame Ideen. Doch wacht man in den allermeisten Fällen am Folgetag neben diesen auf und kann sich davonstehlen.

Dieses Glück hatte zumindest einer der beiden Pechvögel nicht. Die zwei Abenteurer kletterten auf dem Dach eines Regionalzuges herum und kamen dabei der starkstromführenden Oberleitung gefährlich nahe. Nach Zeugenaussagen kam es zu einer Lichtbogenentladung, sprich: ein starker Stromblitz traf die beiden jungen Männer, verbrannte sie lebensgefährlich und schleuderte sie vom Zug. Der Zwanzigjährige war sofort tot. Sein neunzehnjähriger Kletterpartner kam schwer verletzt ins Krankenhaus.

Die Polizei von Fulda wies darauf hin, dass die Leitung selbst gar nicht berührt werden muss – es reicht bereits ein Abstand von etwa 1,50 Metern aus, um eine spontane Entladung zu provozieren.

Musik zu laut

Aachen, Februar 2008 • Der 1. Februar reduzierte die Einwohnerzahl der schönen Kaiserstadt Aachen für immer um einen Fahrradfahrer. In der Nähe des bekannten Elisenbrunnens schwenkte er plötzlich und ohne nach hinten zu sehen vom Fahrbahnrand zur Fahrbahnmitte.

Der plötzliche Richtungswechsel und die gleichzeitige Achtlosigkeit waren seine ersten beiden Fehler. Zusammen mit Fehler Nummer drei führte das Ganze schließlich zu seinem plötzlichen Ableben. Denn auch er frönte der weit verbreiteten Unsitte, im Straßenverkehr bei maximaler Lautstärke Musik aus einem MP3-Player zu lauschen. Der war in diesem Fall so laut aufgedreht, dass er die Signale eines sich von hinten nähernden Rettungswagens im Einsatz nicht hörte und von ebendiesem erfasst wurde.

Obwohl ein Rettungswagen entsprechend schnell zur Stelle war, verstarb der Musikfreund noch an der Unfallstelle.

SO EIN MIST !

Ansfelden (Österreich), Februar 2008 • Josef H. hatte die Entmistungsanlage im österreichischen Ansfelden selbst vor Jahren aufgebaut. Nun sollte er sie warten. Am 2. Februar wollte der Mann (47) alles auf seine Funktionstüchtigkeit überprüfen und wies daher den Bauern an, die Anlage in Betrieb zu nehmen und mit Mist zu befüllen. Nach etwa zehn Minuten wunderte sich der Bauer, dass er immer noch nichts gehört hatte, und er ging nach draußen, um nachzufragen. Doch Josef H. war wie vom Erdboden verschluckt.

In bäuerlicher Ruhe ging der Landwirt also wieder hinein und schaltete die Anlage ab. Nach einiger Zeit begann er damit, seinen gesamten Hof nach dem Techniker abzusuchen. Schließlich blieb als Aufenthaltsort eigentlich nur noch der Misthaufen. Der aber war mittlerweile riesig.

So entschied sich der Bauer, die Feuerwehr Nettingsdorf um Hilfe zu bitten. Als endlich die Austrittsöffnung der Mistanlage erreicht war, fand man den Kopf des Entmistungsinspekteurs …

Auf welche Weise genau er sich dem menschlichen Genpool entzogen hat, konnte nicht sofort geklärt werden, obwohl die Staatsanwaltschaft die umgehende Obduktion des Körpers anordnete.

Machete – Hausbrand – Zusammenstoß

Februar 2008 • Ich weiß, es mag für viele hart klingen, aber generell neige ich dazu, Selbstmord als eine Todesart zu sehen, die eindeutig eine Verbesserung des menschlichen Genpools darstellt. Die geistige Verfassung von Selbstmördern ist hoffentlich nicht erblich.

Aber der ostfriesische Bewerber um den Darwinpreis hat wirklich alles gegeben! Die Polizei konnte keine gesicherten Angaben zu den Gründen der Tat machen, ging aber in etwa von folgendem Szenario eines Beziehungsdramas aus:

Die Machete

Der Protagonist (32) tauchte bei seiner Bekannten (27) auf. Was da genau geschah, werden wir wohl nie erfahren. Den Höhepunkt des Besuchs bildete aber eindeutig die Enthauptung der Frau mit einer Machete.

Der Hausbrand

»Verwische Deine Spuren«, dachte sich der Täter vermutlich. Vielleicht wollte er aber auch nur noch mehr zerstören. Auf jeden Fall legte er anschließend mit Benzin ein Feuer, in dessen Verlauf es auch noch zu einer Explosion kam. Das Haus gilt nun als unbewohnbar.

Überhaupt hatte er den Tatort gut ausgerüstet erreicht. Bei ersten Ermittlungen wurden dort nicht nur die blutverschmierte Machete gefunden, sondern auch Säbel, Messer, eine Schreckschusspistole sowie Munition. Nicht aber den Kopf der Frau. Den nahm er nämlich mit auf seine letzte Reise.

Der Zusammenstoß

Eine Nachbarin sah nach der Tat, wie unser Bewerber mit seinem Auto davonfuhr. Nun ist es aber nicht so, dass irgendwer sofort irgendwelche Zusammenhänge in all den Vorkommnissen gesehen hätte.

Erst als der Täter frontal mit einem Lastwagen zusammenstieß und dabei verstarb, fand die Polizei weitere Waffen in dem Fahrzeug – und auf der Rückbank den Kopf der Frau.

Da schließlich stellte man eine Verbindung zwischen der Frau, einer Vermisstenanzeige durch ihren derzeitigen Lebensgefährten, dem Hausbrand und dem Unfall her.

Jetzt, wo alles vorbei ist, äußert sich auch die Stimme des Volkes. Der dicke Mann wird als »merkwürdig und schräg« bezeichnet. Und außerdem hätte er mit seinem Pferdeschwanz wild ausgesehen.

**BETRUNKENER
ÜBERFÄHRT
BETRUNKENEN**

Berlin Neukölln, Februar 2008 • 1973 sang Udo Jürgens: »Der Teufel hat den Schnaps gemacht / um uns zu verderben. / Ich hör' schon wie der Teufel lacht, / wenn wir am Schnaps einmal sterben.«

Wie recht er hatte …

Ein stark betrunkener Fußgänger wurde auf dem Britzer Damm in Neukölln von einem zu schnell fahrenden Auto erfasst. Dabei zog er sich tödliche Kopfverletzungen zu. Er war offenbar nicht mehr in der Lage, rechtzeitig auf die nahende Gefahr zu reagieren. Das hätte ihm unter Umständen aber auch gar nichts genützt, denn der Fahrer des heranfliegenden Fahrzeugs war ebenfalls alkoholisiert.

Laster samt Fahrer unter Strom

Niederthalheim (Österreich), März 2008 •
Ein junger Lasterfahrer (22) aus
Deutschland kam ums Leben, als er mit
deutscher Gründlichkeit auch noch den
letzten Rest aus seinem Truck kippen
wollte. Er hatte bereits fast den gesamten Kunstdünger seiner Ladung aus-
gekippt, als er auf die verhängnisvolle
Idee kam, den Aufleger noch etwas höher
zu stellen, um den Rest abzuladen. Also
nutzte er die praktische Fernbedienung.

Der Aufleger hob sich und hob sich ...
bis er die darüberliegende 30 000-Volt-
Leitung erreichte. Leider stand der Fahrer mit einem Bein auf dem Boden, mit dem
anderen auf der Leiter und so erwischte
ihn die volle Energie.

Ein heldenhafter Lagermitarbeiterver-
suchte ihn wegzustoßen, was aber miss-
lang. Schließlich konnte er mit einem
Besenstiel die Fernbedienung manipulie-
ren und den Aufleger senken, wodurch der
Stromkreis unterbrochen wurde. Zwei
der Lasterräder hatten sogar Feuer ge-
fangen. Wiederbelebungsversuche blieben
erfolglos.

BODYBUILDER
stirbt an
Sprengstoffpille

Münster, März 2008 • Ein Bodybuilder (25) wurde in seiner Wohnung tot aufgefunden. Wie der Sprecher der Staatsanwaltschaft sagte: »Aus seinen Aufzeichnungen, einer Art Tagebuch, geht hervor, dass er vier Gramm Dinitrophenol auf einmal genommen hat.«

Der Stoff Dinitrophenol (DNP) wurde früher bei der Herstellung von Sprengstoffen verwendet. Allgemein gilt er bereits bei einer Dosis von ein bis drei Gramm tödlich!

Geschluckt hat der Muckimann das Zeug, weil es wohl Muskeln auf- und Fett abbauen soll. In den USA ist der Stoff bereits in der Muckibuden-Szene durch starke Nebenwirkungen sowie mindestens einen Todesfall bekannt geworden, was auch zu seinem Verbot führte. Ob es nun dieser Stoff allein war oder ein Cocktail aus dem Haufen anderer Pillen und Pülverchen, welche man in seiner Wohnung fand, wird man wohl nie eindeutig herausfinden.

Für »normale Menschen« ist das auch eher uninteressant. Die machen sich mit dem vorhandenen Verstand bereits Gedanken, wenn sie gleichzeitig Aspirin und Kaffee zu sich nehmen. Und für die menschliche Subspezies, die mittlerweile über mehr Muskeln als Hirn verfügt, ist das auch uninteressant, weil die meisten nichts draus lernen (wollen). Man muss eben Prioritäten setzen, nicht wahr?

Und wie mir mal ein Extrembodybuilder sagte: »Klar ist das ganze Zeug gefährlich. Aber ich kann ohne Muskeln auch morgen vom Bus überfahren werden.« Eine ganz eigene Logik …

ARBEITER VON QUARKPRESSE ERSCHLAGEN

Knittelfeld (Österreich), März 2008 •
Ein wirklich ungewöhnlicher Tod hat
einen Schlosser (44) aus dem ober-
steirischen Knittelfeld ereilt. Er
führte Reparaturarbeiten an einer
sogenannten Topfenpresse durch.
Diese wird dazu verwendet, um Quark
(österreichisch »Topfen«) auszupres-
sen und in Form zu bringen.

Die Presse hat Maße von 4,20 mal
1,40 Meter und man kann davon ausgehen, dass die dazugehörige Press-
platte dieselbe Größe hat.

Aus Wartungsgründen beugte sich der
Schlosser in den Behälter der Presse.
Ein technischer Defekt der Hydrau-
likpresse sorgte dafür, dass die darüber liegende Platte sich löste und
herabfiel.

Das schwere Ding traf den Arbeiter
und verletzte ihn tödlich. Seine Kollegen mussten von einem Kriseninter-
ventionsteam betreut werden.

Sieben Meter in die Baugrube

Cottbus, März 2008 • Es gibt so Todesfälle, bei denen kann man nur den Kopf schütteln. Fast alle hier beschriebenen Tode laufen unter der Kategorie: »Hätte er doch bloß …« Doch dieser Tod ist wirklich etwas Besonderes. Salopp gesagt, könnte man zusammenfassen: Ein junger Cottbuser (25) wollte sich zum Kacken auf einer Baustelle verstecken, stieg durch ein Loch im Bauzaun und fiel dahinter sieben Meter tief in ein Treppenhaus ohne Treppe.

Man fand ihn wohl auf der Baustelle, und die Polizei schloss aus den Umständen, »dass er wohl seine Notdurft verrichten wollte«. Man kann also davon ausgehen, dass er da mit heruntergelassener Hose lag …

Der arme Kerl war also durch den Bauzaun geklettert, hatte sich da irgendwo hingehockt, ohne zu merken, dass er sich direkt an einem sieben Meter tiefen Schacht befand. Dann verlor er irgendwie den Halt und stürzte in seinen Tod.

KIRMES-BESUCHER SPRINGT AUS BUS

Schenklengsfeld, März 2008 • Manche Leute schreien geradezu nach einem Darwinpreis. So auch dieser Nominierte der Kategorie »Bus-Stunts«. Er hatte die Kirmes in Schenklengsfeld besucht und fuhr nun mit einem Kleinbus zurück nach Hause. Aus heiterem Himmel sprang er aus dem fahrenden Bus und stürzte auf die Straße. Dort zog er sich aufgrund der hohen Geschwindigkeit erhebliche Kopfverletzungen zu und wurde von einem Rettungshubschrauber in eine Kasseler Klinik geflogen. Dort verstarb er dann am Ostersonntag. Ohne Worte.

Auto überrollt seinen Fahrer

Belp (Schweiz), März 2008 • Ein Schweizer (64) hat fatalerweise eine der wichtigsten Grundregeln des Autofahrens – insbesondere des Fahrens mit Automatikschaltung – vergessen. Auf dem Weg nach Hause hatte er sich wohl etwas verfahren, wendete und geriet dabei auf einen erhöhten Bürgersteig. Dabei beschädigte er sein Fahrzeug.

Um den Schaden zu kontrollieren, verließ er das Auto. Scheinbar vergaß er dabei, die Schaltung in den Parkmodus zu stellen. Der Wagen rollte zurück, stieß den Senioren um und überrollte ihn.

Und das nur, weil er sich um das Wohlergehen seines Wagens sorgte.

Tödlicher Wheelie

Frankfurt-Sachsenhausen, März 2008 •
Ein junger Möchtegern-Stuntman (22)
hat sich in Frankfurt bei einer hals-
brecherischen Aktion selbst tot-
gefahren: Zusammen mit seinem Freund
stand der motorisierte Kandidat ganz
vorn an der Ampel. Als es grün wurde,
zogen die beiden Geschwindigkeits-
freunde mit reichlich Gas los, rissen
die Vorderräder hoch und fuhren etwas
auf dem Hinterrad … so richtig cool.

Cool ist der eine nun für immer,
denn er verlor die Kontrolle über die
Maschine, geriet ins Schlingern und
stürzte dann auf die Straße. Dabei
zog er sich schwerste Verletzungen zu
und musste noch am Unfallort reani-
miert werden. Gegen Abend verstarb er
dann in einer Klinik.

Im Wagen hinter mir

Wuppertal, April 2008 • Ein ganz ähnliches Schicksal wie den Schweizer von Seite 28/29 ereilte wenig später auch einen Wuppertaler (35), der in der Nacht zum Donnerstag mit seinem Wagen wegfahren wollte. Doch leider sprang dieser nicht an. Daraufhin entschied er sich, das Auto erst einmal rückwärts aus der Garage zu schieben.

Da diese scheinbar eine abschüssige Zufahrt hat, geriet das Fahrzeug ins Rollen. Also versuchte der Besitzer, den Wagen aufzuhalten – was er lieber nicht hätte tun sollen!

Das Auto überrollte ihn, klemmte ihn ein und schleifte ihn noch etwa dreißig Meter mit, bevor es an einen Baum prallte. Für den »Fahrer« kam jede Hilfe zu spät.

Wiener Auto-
dieb endet
an Pfeiler

Schwechat (Österreich), April 2008 •
Der Ex-Angestellte (43) einer Wiener
Autofirma wollte seinen Chef wohl um
eine Luxuskarosse erleichtern. Zu diesem Zweck hatte er sich den entspre-
chenden Schlüssel des S-Klasse Mercedes
geklaut.

Zu seinem Pech wurde er dabei vom Chef der Firma und dessen Sohn erwischt, weil ein Angestellter das Fehlen des Tresorschlüssels gemeldet hatte. Als der Dieb die beiden sah, gab er Vollgas und floh.

Der Inhaber nahm die Verfolgung auf und verständigte die Polizei. Der Flüchtige war mit einem beschädigten Reifen losgefahren, so dass seine Aktion ohnehin schon unter einem schlechten Stern stand. Die Verfolgungsjagd ging durch Erdberg bis hin zur Autobahn A4. Dort kam es dann schnell zum tödlichen Unfall. Der Autodieb raste mit hoher Geschwindigkeit gegen einen Brückenpfeiler, woraufhin die S-Klasse in Flammen aufging. Die Feuerwehr musste das Dach aufschneiden, um den Wiener zu bergen. Zwei Stunden später erlag er im Krankenhaus seinen Verletzungen.

REGIONALBAHN
vs.
RENTNER

1:0

Simbach am Inn, April 2008 • Manchmal ist es erschreckend, mit welcher absoluten Todesverachtung ältere Bürger am Straßenverkehr teilnehmen. Starr geradeaus guckend, fahren sie mit dem Auto oder dem Fahrrad mitten auf der Straße. Ohne irgendwen oder irgendwas zu beachten, spazieren sie über die Straßen. Dass Menschen heutzutage immer älter werden, liegt sicher nicht an ihrem Verhalten im Alter.

Das hat eindrücklich auch ein radfahrender Rentner (73) aus dem Landkreis Rottal-Inn unter Beweis gestellt. Gegen zehn Uhr vormittags fuhr er zielstrebig an allen Fahrzeugen vorbei, die vor einer heruntergelassenen Bahnschranke warteten. Er ignorierte das Blinklicht, störte sich auch nicht an den Fahrzeugen auf der anderen Seite und umfuhr schließlich noch die Halbschranke, ohne auch nur einen Blick nach links oder rechts zu werfen. Ein gefährliches Spiel – und das hat er auch verloren!

Genau in diesem Augenblick kam sie nämlich, die Regionalbahn Simbach-Mühldorf. Die Lok knallte voll ins Fahrrad und schleifte dieses samt Pensionär einige Meter mit, bevor beide unter den Zug kamen. Daraufhin überrollte die gesamte Bahn den Rentner. Erst fünfzig Meter weiter blieben der tote Körper und das völlig zerstörte Rad liegen, und noch weitere fünfzig Meter brauchte der Zug, um zum Halten zu kommen.

SCHICHT IM FAHRSTUHL-SCHACHT

Solingen, Mai 2008 • Der Handwerker (37) blieb in einem Solinger Wohn- und Geschäftshaus am Morgen im Aufzug zwischen der vierten und fünften Etage stecken. Selbst ist der Mann! Also öffnete er die Tür des Lifts und stellte fest, dass der Bodenbereich der Kabine etwa dreißig Zentimeter in die vierte Etage ragte. Durch diesen schmalen Spalt wollte er sich zwängen und anschließend in die vierte Etage hinüberschwingen. Doch zwischen ihm und dem Boden des Fahrstuhlschachtes befanden sich ansonsten leider nur noch etwa fünfzehn Meter Luft.

Diese gab ihm nicht den nötigen Halt, und so stürzte er zu Boden, wo er vom Hausmeister entdeckt wurde. Rettungskräfte konnten nur noch den Tod feststellen.

Brandstifter stirbt in eigenem Feuer

Bramsche-Hesepe, Mai 2008 • Brandstifter sind ein Völkchen für sich. Einige sind einfach nur psychisch krank und lieben das Feuer und die Zerstörung. Andere sind jung und dumm – und wollen etwas kaputtmachen. Und wieder andere wollen sich an jemandem rächen …

Das scheint auch bei dem Brandstifter in Bramsche-Hesepe der Fall gewesen zu sein. Gegen 10:20 Uhr knallte es laut, und eine Anwohnerin bemerkte die Flammen. Daraufhin alarmierte sie die Feuerwehr. Wenig später wurde dann auch schon gelöscht, und wegen der drohenden Ausdehnung des Feuers gleich mit mehreren Feuerwehrzügen. Irgendwann ging dann das Gerücht um, es sei noch eine Person im Haus …

Nach etwa neunzig Minuten konnten die ersten Feuerwehrmänner ins Haus, und dort stellten sie schnell zwei Dinge fest: Das Feuer war offensichtlich gelegt worden, und es war tatsächlich noch jemand im Haus gewesen – für den allerdings jede Hilfe zu spät kam.

Nach Abschluss der Aufräum- und Ermittlungsarbeiten stellte sich heraus, dass es sich bei dem Toten um den in Scheidung lebenden Mann (59) der Hausbesitzerin handelte, der den Brand selbst gelegt hatte. Er selbst wohnte gar nicht in dem Haus und hat sich wohl nur Zutritt verschafft, um es anzuzünden.

Mangels Erfahrung – war wohl sein erstes Mal – ist er von den Verpuffungen und Explosionen überrascht worden … und kam nicht mehr raus.

Rentner beim Reifen wechsel

Kalkstein bei Anklam, Mai 2008 • Er hatte es schon fast geschafft ... drei Reifen seines Wagens hatte der rüstige Autofreund (85) bereits gewechselt. Doch dann kam er auf die verhängnisvolle Idee, unter den Wagen zu kriechen, um andere Reparaturen vorzunehmen.

Ich meine: In was für einer Zeit leben wir, wo hochbetagte Mitbürger noch unter Autos herumrobben müssen, um sie selbst zu reparieren? Hmm, vielleicht war sein Sohn schon zu alt dafür?!

Jedenfalls rutschte der Wagenheber weg, und das Auto fiel auf den Hobbymechaniker. Der Notarzt konnte nur noch dessen Ableben konstatieren.

TOD BEIM REIFEN-FLICKEN

Wiesbaden-Biebrich, Mai 2008 • Der Mitarbeiter (50) eines Müllentsorgungsbetriebs im Wiesbadener Ferdinand-Knettenbrech-Weg wollte die undichte Stelle eines platten Lkw-Reifens finden. Dazu hatte er diesen abgebaut und ihn an einen Schlauch angeschlossen. Offenbar beabsichtigte er, durch das Wiederaufpumpen mit Druckluft die undichte Stelle zu finden. Doch der Reifen war anscheinend stärker beschädigt als gedacht – oder der Luftdruck zu hoch. Jedenfalls explodierte beim Reparaturversuch das Pneu regelrecht, und die Wucht des platzenden Reifens verletzte den Mann so stark, dass er noch am Ort des Geschehens starb.

**Beim Schlafen
vom Dach
und auf den Kopf
gefallen**

Berlin, Juni 2008 • Wie man sich bet-
tet, so liegt man, sagt der Volksmund.
Was das bedeuten solle? Ganz einfach:
Pass auf, wo du dich hinlegst! Diesen
Rat haben zwei betrunkene, junge Männer in Berlin-Kreuzberg leider nicht
beherzigt. Im Suff entschieden sie
sich dazu, doch nicht nach Hause zu gehen und stattdessen ein Nickerchen auf
dem Dach einer Hausbaustelle in der
Köpenicker Straße zu halten.

Mit dem Schlafen war wohl so weit
noch alles okay, das Aufstehen berei-
tete Probleme. Der zwanzigjährige Teil
des Duos fiel vom Dach acht Meter in
die Tiefe und zog sich schwerste Kopf-
und innere Verletzungen zu, an denen
er in einem Krankenhaus verstarb. Sein
neunzehnjähriger Kumpel hatte mehr
Glück und konnte die nächste Nacht in
seinem Bett verbringen. Was die beiden
dazu trieb, auf dem Dach zu übernachten, blieb unklar.

Autofahrer stirbt
nach Unfall mit Fahrrad

Köln, Juni 2008 • Es gibt so Tage, da ist in der Weltgeschichte nichts los, was sich zu berichten lohnte. Verstehen Sie mich nicht falsch, das bedaure ich nicht. Jeder Tote weniger ist gut! Doch dann gibt es Tage, da passieren Dinge, die sind geradezu für den Darwinpreis gemacht.

Ein Autofahrer hat eine kleine Unfallberührung mit einem Fahrrad und stirbt danach. Hört sich verrückt an? Darum hier die genaueren Informationen:

Besagter Autofahrer (57) hat am Abend in Köln einen kleinen Bagatellunfall mit einem Radfahrer (23). Beim Vorbeifahren berührt er das Rad, was einen kleinen Kratzer im Lack verursacht. Nun gibt es kaum ein Land auf der Erde, in dem so ein kleiner Kratzer so eine große Katastrophe sein kann, wie in Deutschland. Italiener würden nicht mal anhalten. Franzosen würden anhalten und sich so lange anschreien, bis die Ampel grün wird und die anderen hupen.

Nun gut, der autofahrende Senior in Köln fing einen handfesten Streit an. Als dann der Radler ankündigte, nun die Polizei zu rufen, platzte dem Autofahrer der Kragen. Das würde ihm alles zu lange dauern, meinte er, und rauschte mit Vollgas ab!

Schon wenige Meter weiter verlor er die Kontrolle über das Auto, kam von der Fahrbahn nach links ab und raste in einen parkenden Wagen. Dort eilten Augenzeugen dem bewusstlosen Fahrer zu Hilfe und schlugen eine Scheibe ein, um ihn zu befreien. Nach einer notärztlichen Erstversorgung kam er in ein Krankenhaus. Hier verstarb er nach kurzer Zeit.

Ob der Todesgrund nun der Unfall, ein Herzschaden oder eine andere Erkrankung war, konnte nicht sofort festgestellt werden. Ursache war jedenfalls ein kleiner Kratzer am Auto …

Vor Laterne gesprungen – Lichter aus

Papenburg, Juni 2008 • Diese Geschichte ist ebenso dämlich wie schnell erzählt: Die Betreuerin eines Jugendheims fuhr mit einer Gruppe junger Frauen in einem Kleinbus. Aus irgendeinem Grund gerieten hinten zwei der jungen Frauen in einen heftigen Streit. Dieser eskalierte schließlich dermaßen, dass eine der jungen Frauen (21) urplötzlich die Schiebetür aufriss und während der Fahrt aus dem Wagen sprang.

Das allein hätte schon unter »normalen« Umständen tödlich enden können. Doch wie es der Zufall will, sprang sie aus dem Auto direkt vor eine Straßenlaterne. Dabei zog sie sich schwerste Verletzungen zu, denen sie einige Zeit später in einem Krankenhaus erlag.

Unterm
<u>Wohnmobil</u>

Wesendorf, Juni 2008 • Mal im Ernst: Wenn Sie unter einem tonnenschweren Wohnmobil arbeiten müssten, würden Sie das dann mit einer selbstgebauten Rampe aus Kanthölzern tun? So ein Ding wiegt um die 3,5 Tonnen! Wer baut sich da aus ein paar besseren Holzlatten eine Rampe, fährt dieses Monster darauf und legt sich dann darunter? Genau das tat ein Wohnmobilfan (51) aus Wesendorf!

Der Hobbybastler wollte in seiner Freizeit Reparaturarbeiten an seinem Hymer-Wohnmobil vornehmen. Auf dem Gelände der früheren Hammerstein-Kaserne hatte er sich zu diesem Zweck aus Kanthölzern eine provisorische Rampe selbst gebaut. Darauf fuhr er das schwere Fahrzeug und legte sich dann im vorderen Bereich des Wagens unter das Wohnmobil – da, wo der schwere Motor liegt!

Vermutlich am späten Nachmittag überschritt die Kantholzkonstruktion ihre Tragfähigkeit, sie geriet ins Wanken und brach, das Wohnmobil krachte runter. Leider genau auf den arbeitenden Wohnmobilfreund. Er erlag eingeklemmt seinen schweren Verletzungen.

Grazer lässt sich kielholen

Brbinj auf der Insel Dugi Otok (Kroatien), August 2008 • Kielholen nannte man eine Strafe in früher Seefahrtszeit. Dabei wurde der Delinquent an ein Seil gebunden und mit diesem längs oder quer unter dem Schiff durchgezogen. Oft endete das tödlich.

Zwei Jungs aus Graz hatten nun den glorreichen Einfall, so etwas Ähnliches bei ihrem Segeltörn in Kroatien zu spielen. Wolfgang H. (32) und sein Spezi, Christian G. (38), kamen auf die lustige Idee, sich ein Seil um die Brust zu binden, ins Wasser zu springen und sich vom Segelschiff nachziehen zu lassen. Irgendwann merkte der »Käpt'n«, dass sich Wolfgang H. nicht mehr bewegte, woraufhin er das Schiff stoppte. Irgendwie war der Mann am Seil unter Wasser geraten und hat es nicht mehr rechtzeitig nach oben geschafft. Die Obduktion stellte später Tod durch Ersticken fest. Zudem fand sich Wasser in der Lunge.

Mehr Glück als Verstand hatte sein Kollege: Bei ihm hatte sich das Seil gelöst, weshalb er mit einer Rückenverletzung davonkam.

TÖDLICHER ⚡ PRIVATSTROM

Tuttlingen, August 2008 • Nicht ohne Grund haben Räume, die eine Gasheizung oder Ähnliches enthalten, in der Tür Belüftungsschlitze. Auch Heizkeller ohne Belüftung sind undenkbar – weil eine tödliche Dummheit.

Genau diese Art tödlicher Dummheit brachte einen alleinstehenden Mann (42) aus dem schwäbischen Tuttlingen ums Leben. Im Keller betrieb dieser – wohl um sich von den teuren Stromversorgern unabhängig zu machen – ein benzingetriebenes Stromaggregat. Diese Teile knattern, haben einen Auspuff und stinken. Wohl auch aus diesen Gründen hatte er es in einem Kellerraum postiert und mittels Verlängerungsschnur den Strom in den Haushalt geführt.

Leider, leider – oder muss man sagen »dämlicherweise?!« – verfügte der Raum weder über ein Fenster noch über andere Luftöffnungen.

Als dann vermutlich der Tank leer war, stieg der sparsame Schwabe in den Keller, um den Tank aufzufüllen.

In dem Raum hatte sich unterdessen aus dem Abgas des Benzinmotors bereits reichlich Kohlenmonoxid angesammelt. Dieses Gas ist schwerer als Luft und sammelt sich deswegen an tiefen Stellen, ohne sich schnell zu verflüchtigen. Er stieg also quasi in ein Kohlenmonoxidbad.

Und dieses geruchs- und geschmacklose Gas gab ihm dann auch den Rest. Er verlor vermutlich sofort das Bewusstsein und starb dann an der Kohlenmonoxidvergiftung. Gefunden wurde er von einem Arbeitskollegen, der herausfinden wollte, warum er nicht zur Arbeit erschien.

Nach dem Pinkeln eingeschlafen – und überfahren

Frein an der Mürz (Österreich), August 2008 • Zeltfeste sind bei vielen Menschen sehr beliebt. Saufen, Musik hören, feiern und in die freie Natur pinkeln – was gibt's Schöneres?

Das dachte sich wohl auch der Neunzehnjährige, der sich von den Zelten entfernt hatte, um an beziehungsweise auf der Straße zu pinkeln.

Die Polizei ging davon aus, dass er an der eignen Lache zusammenklappte oder sich für ein Schläfchen auf die Straße legte. Jedenfalls wurde er nur noch tot gefunden – offenbar überrollt.

Das »Tatfahrzeug« wurde auch relativ schnell ausfindig gemacht. Ein zweiter junger Mann (23), der wenige Hundert Meter weiter wohnte, hatte einen Freund nach Hause bringen wollen. Er hatte ein Rumpeln gemerkt, sich aber weiter nichts dabei gedacht – schließlich hatte er auch rund ein Promille Blutalkohol.

Blutspuren am Fahrzeug waren dem Straßenschläfer zuzuordnen, aber es gab keine Spuren eines Aufpralls. Der Wagen hatte den Straßenpinkler überrollt und noch etwa einhundert Meter mitgeschleift. Alle Indizien deuten darauf hin, dass der Fahrer tatsächlich nichts davon gemerkt hat.

Bohnermaschine stranguliert Parkett-kosmetikerin

Graz (Österreich), August 2008 • Solche Dinge passieren eigentlich nur in Horrorfilmen: Kabel werden lebendig und winden sich um Hälse. Dämonische Maschinen terrorisieren Menschen.

Eine Raumpflegerin (49) arbeitete im Keller der Hauptschule von Fehring (Steiermark, Bezirk Feldbach). Mit einer Bohnermaschine, auf der jeder schon mal reiten wollte, polierte sie dort wohl den Boden.

Zwei Arbeiter, die dort mit Renovierungsarbeiten beschäftigt waren, fanden die Putzfrau am Nachmittag tot auf. Das Kabel der Maschine hatte sich irgendwie um ihren Hals gewickelt und sie an Ort und Stelle stranguliert. Es steckte noch in der Steckdose.

Die Polizei schließt ein Fremdverschulden mit hoher Sicherheit aus. Spezialisten sollen nun klären, ob es sich um einen Bedienungs- oder einen Maschinenfehler handelte.

Beim Klauen im Altkleidercontainer gestorben

Winsen, August 2008 • Was die wenigsten wissen: Wenn man am Tag der Sperrmüllsammlung durch die Straßen geht und sich das eine oder andere mitnimmt, begeht man nach deutschem Recht Diebstahl. Wenn man in einen Altkleidercontainer einsteigt und sich dort die Säcke mit Kleidung rausholt, ist das ebenfalls Diebstahl. Und in diesem Fall folgte die Strafe auf dem Fuße.

Im Städtchen Winsen steht am Bultweg ein Altkleider-Sammelcontainer des DRK. In diesen hatte ein Rumäne (52) versucht einzusteigen. Das kommt immer wieder mal vor, wie das DRK berichtete. Allerdings werden dann meist Kinder hineingehoben und Erwachsene können ihnen jederzeit helfen.

Nun, unser »Täter« war scheinbar allein, und das wurde ihm zum Verhängnis …

Er hatte versucht, kopfüber in den Container einzusteigen. Wer die Dinger kennt, der weiß, dass das recht schwierig ist. Die Klappen sind extra so gebaut, dass man eigentlich nicht an den Inhalt kommt.

Als ihn Passanten am Sonntagmorgen fanden, hing er leblos im Container. Kopf und ein Teil des Oberkörpers drinnen, der Rest draußen. Die alarmierten Notärzte konnten nur den Tod feststellen, bevor die Feuerwehr kam. Die wollte erst mal wissen, wie denn der Kopf feststeckt und deshalb schnitten sie den Container auf. Bis dahin gingen alle noch davon aus, dass er sich das Genick gebrochen hatte. Danach öffneten sie mit Spezialwerkzeug die Klappe, um den Körper zu bergen.

Die Obduktion führte schließlich zu dem Ergebnis, dass er einem Herzversagen erlag. Die Anstrengungen, sich selbst zu befreien, hat das Herz nicht mitgemacht.

Ironie des Schicksals: Der Altkleidercontainer war zu diesem Zeitpunkt ohnehin leer …

EXPLOSION
aus
Rache

Reichshof-Komp, August 2008 • Eins muss man der verunglückten Frau lassen: Sie hat ihr Ziel erreicht … Allerdings hat sie dabei nicht nur alles gegeben, sondern auch alles verloren.

Zwischen der Fünfzigjährigen aus Wenden und einem dreiundfünfzig Jahre alten Mann schwelte schon seit Monaten eine Beziehungskrise, in deren Verlauf es auch immer wieder zu Streitigkeiten gekommen war. Allerdings bislang ohne Kenntnis der Polizei.

Doch an diesem Abend, so gegen 22 Uhr, verschaffte sich die Dame unbemerkt Zugang zum Haus ihres Galans. Vermutlich, um es ihm mal so richtig heimzuzahlen. Und dann ging alles schief!

Sie verschüttete im Hochparterre eine »brennbare Flüssigkeit« (vermutlich kann bei der Polizei keiner »Benzin« oder »Petroleum« schreiben?!) Als sie diese entzündete, kam es sofort zu einer Explosion und nachfolgender Brandentwicklung, infolge derer die Verursacherin sich dem menschlichen Genpool entzog.

Doch auch ihr eigentliches Ziel, der Hausbesitzer, erlitt schwerste Brandverletzungen, denen er später im Krankenhaus erlag.

Vom Geländer auf die Autobahn balanciert

A3 bei Mainhausen, August 2008 • Täglich sterben Erwachsene in Situationen, in die durchschnittlich intelligente Zehnjährige nie kommen würden. So auch hier: Ein Betrunkener (22) aus dem Kreis Offenbach kam gegen Mitternacht von einem Fest und wankte in Richtung heimisches Bett. Sein Weg führte ihn über eine Autobahnbrücke. Weil er das vermutlich für eine gute Idee hielt, stieg er auf das Geländer der Brücke und versuchte, auf diese Weise über das Bauwerk zu balancieren. Ein Irrtum, wie sich schnell herausstellte. Er verlor das Gleichgewicht und stürzte auf die Autobahn. Dort erwischte ihn vermutlich sofort ein Lkw. Es ist möglich, dass dessen Fahrer davon gar nichts merkte, denn er fuhr einfach weiter.

Danach kam ein Pkw, der aber ausweichen konnte. Sein Fahrer hielt an und zog den Toten von der Straße. Ob er am Sturz auf die Autobahn starb, oder am Überfahrenwerden … warum auch immer.

NICHTSCHWIMMER
ERTRINKEN
BEIM ANGELN

Hamburg-Steinwerder, September 2008 • Ein Freund von mir ist Allergiker. Er verträgt keine Erdnüsse. Sie würden ihn eventuell umbringen, und darum meidet er sie aufmerksam. Eine Bekannte hat eine Spinnen- und Insektenphobie. Es ist unmöglich, sie zu einem Waldspaziergang zu überreden. Was ich damit sagen will? Ganz einfach: Es gibt Menschen, die in alltäglichen Situationen für sich eine Gefahr erkennen. Und aus diesem Grunde meiden sie solche Situationen.

Diese Vorsicht ließen drei Männer in Hamburg leider nicht walten, als sie einen Angelausflug machten. Vielleicht hielten sie es für unnötig – aber nicht einer von ihnen konnte schwimmen. Okay, noch blöder wäre gewesen, wenn sie sich auch noch zum Angeln in ein Boot gesetzt hätten und aufs offene Meer gefahren wären. Sie nahmen mit einem Kanal in Hamburg vorlieb, und es hätte auch alles klappen können. Bis zu dem Moment, als das erste Opfer, Soltan J. (57), einen Eimer Wasser aus dem Kanal ziehen wollte. Er verlor das Gleichgewicht, fiel in den Kanal und ging sofort unter.

Ebenso heldenhaft wie dumm war das Verhalten des zweiten Opfers. Joso U. (54) konnte nämlich ebenso wenig schwimmen. Was ihn aber nicht davon abhielt, zur Rettung seines Freundes ins Wasser zu springen … und ebenfalls unterzugehen.

Erst der Sohn (32) des ersten Opfers – ebenfalls Nichtschwimmer – zeigte die Vernunft, die ihm das Leben rettete. Er lief zu einer in der Nähe befindlichen Tankstelle und holte einen Angestellten zur Rettung.

Als sie am Wasser ankamen, trieb Joso U. leblos im Wasser, von Soltan J. fehlte jede Spur. Rettungskräfte suchten bis in die Nacht nach dem ersten Opfer, ohne es jedoch zu finden.

Von der Brücke gepinkelt?

A8 bei Aichelberg, September 2008 • Es
gibt Tage, da kommt es gleich richtig dicke. Aller Mist kommt auf einmal. Manches
wäre aber sicher vermeidbar gewesen. So
vermutlich auch der Tod dieses Anwärters
für den Darwinpreis.

Sicher hätte es ihm schon gereicht, an
der Autobahn 8 in der Höhe des Ortes
Aichelberg (Kreis Göppingen) eine Auto-
panne zu haben. Aber er »musste« auch
noch dringend. Während er also auf Wan-
derschaft ging, um irgendwo abseits der
Autobahn diskret sein Geschäft zu verrichten, kontaktierte seine Gattin den
Pannendienst.

Misstrauisch wurde sie erst, als er
nach über einer Stunde immer noch nicht
zurückgekehrt war. Daraufhin startete
man eine ausgedehntere Suchaktion, an der
neben Hilfsdiensten auch ein Polizeihub-
schrauber beteiligt war.

Und nach einigen Stunden fand man ihn
dann auch ... rund dreißig Meter unterhalb
der Autobahnbrücke (Maustobelviadukt).
Warum er herunterstürzte, obwohl diese
Brücke durch ein Geländer gesichert ist
(und ob er dabei die Hosen anhatte), er-
wähnte leider keiner der gefundenen Be-
richte.

Mit dem Go-Kart in die MAUER

Gemeinde Land Hadeln im Landkreis Cuxhaven, Oktober 2008 • Es gibt Regeln und Gesetze für Mensch und Tier. Nicht alle sind sinnvoll. Manche sind auch nur nötig, weil einige wenige Zeitgenossen nicht genügend »Menschenverstand« aufbringen, um gewisse Dummheiten von allein zu unterlassen. Eine dieser Regeln betrifft das Fahren sogenannter Go-Karts im öffentlichen Straßenverkehr. Ein Go-Kart-Neuling (19) aus dem deutschen Norden musste das am eigenen Leib tödlich erfahren.

Diese kleinen Raketen auf vier Rädern haben keinerlei Knautschzone oder Sicherheitsmechanismen, sind komplett übermotorisiert und nicht umsonst in der Öffentlichkeit verboten.

Niemand mit Verstand setzt sich auf einen besseren, getunten Rasenmäher und brettert in der Höhe gewöhnlicher Autoreifen mit fünfzig und mehr Stundenkilometern über Straßen.

Der Jüngling hatte die Karre kurz vor seiner tödlichen Spritztour erst gekauft und wollte abends gegen halb neun eine kleine Runde drehen. Seine Kumpels halfen ihm, indem sie die Kiste anschoben. Scheinbar versuchte keiner, ihn davon abzuhalten.

Das Ding sprang an, er bretterte los und verlor schon nach kurzer Fahrt die Kontrolle über das Gefährt. Mit schätzungsweise fünfzig Stundenkilometern kam er von der Kreisstraße 10 ab und knallte in eine Mauer. Dabei zog er sich lebensgefährliche Verletzungen zu, denen er im Krankenhaus sechs Tage später erlag.

Angler plumpst mit Auto ins Hafenbecken

Preußisch-Oldendorf, November 2008 • Der Hafen von Getmold bei Preußisch-Oldendorf (Minden) ist den meisten Menschen unbekannt. Vor ein paar Jahren erfuhr er für zehn Tage ein kleines bisschen Bekanntheit, weil Greenpeace dort ein Sägewerk für Tropenholzstämme besetzte. Aber scheinbar kann man dort auch nett angeln. Und wenn ich den Polizeibericht richtig verstehe, sogar um zwei Uhr in der Nacht! Das jedenfalls taten dort drei Angler, von denen einer leider kurz darauf verstarb …

Aus irgendeinem Grund wollte ein Angler (39) sein Auto, einen neun Jahre alten Ford Focus, zum Hafenbecken holen. Zuerst entfernte er sich sogar vom Hafen, näherte sich diesem dann aber über einen Pfad am Kanal. Irgendwie geriet er rechts über die Spundwand (den Rand des Hafenbeckens). Der Wagen kippte in das etwa vier Meter tiefe Becken und versank sofort. Der Fahrer tauchte (buchstäblich) nicht wieder auf.

Die Zeugen alarmierten scheinbar die Rettungskräfte, und gegen halb fünf wurde im geborgenen Auto ein männlicher Leichnam von den Zeugen als eben jener Angler identifiziert. Daraufhin wurde eine Obduktion angeordnet, bei der nur herauskam, dass der Angler ertrunken ist. Was haben sie auch sonst erwartet? Piranhabisse?

Das Auto sollte noch auf technische Defekte als Unfallursache untersucht werden. Doch vermutlich hätte er einfach nicht mitten in der Nacht am Rande eines Hafenbeckens herumfahren sollen.

Ungesichert im Mais versunken

Ettenheimmünster, November 2008 • Was der Sicherheitsgurt für einen Autofahrer ist, sind Sicherungsleinen für Bergsteiger – oder manchmal auch Siloreiniger: Die letzte Rettung vor einem vermeidbaren Tod! Und ebenso wie ich es nicht verstehe, dass immer wieder Leute unangeschnallt mit dem Auto losfahren, kann ich nicht begreifen, warum man Sicherungsleinen löst. Und darum ist es mir – und wohl nicht nur mir – unverständlich, was einen jungen Arbeiter (23) dazu brachte, diesen letzten Faden zwischen Tod und Leben zu kappen ...

Er war damit beschäftigt, ein etwa fünfundzwanzig Meter hohes Silo zu reinigen, das teilweise mit Maiskörnern gefüllt war. Dabei ging es wohl darum, dass frischer Mais oft noch recht feucht ist und diese verdunstende Feuchtigkeit an der Silowand zu Schmutzablagerungen führt. Diese zu beseitigen, war sein Auftrag. Und dazu seilte er sich mit einer Sitzvorrichtung, einem Klettergurt und eben einer Seilsicherung (an einer Seilwinde!) in das Silo ab.

In Höhe der Körner glaubte er sich wohl auf der sicheren Seite, als er das Seil löste, um vermutlich schwer erreichbare Teile des Silos quasi zu Fuß zu erreichen. Ein tödlicher Fehler!

Nach einigen Minuten reagierte ein Kollege auf seine Hilferufe. Da steckte er bereits bis zu den Knien im Mais. Der Versuch ihn herauszuziehen scheiterte, weswegen der Kollege
die Anlage ausschaltete und die Feuerwehr alarmierte. Als diese eintraf, war das Opfer bereits bis zur Brust in den Mais gesunken und atmete nicht mehr. Das Gewicht des Mais presste den Brustkorb zusammen.

BETRUNKENER ERTRINKT IM GULLI

Bonn, November 2008 • Ein angetrunkener junger Mann (22) aus Buchholz (Niedersachsen) hatte in Bonn das Pech, dass ihm seine Schlüssel in den Gulli gefallen sind. Nach dem Motto »Selbst ist der Mann« griff er wohl beherzt zu und schaffte den Gullideckel beiseite. Dann langte er kopfüber in den engen Schacht, um nach den Schlüsseln zu greifen. Doch die waren wohl wesentlich tiefer gelandet, als er ahnte und sehen konnte. Vermutlich rutschte er deswegen noch etwas nach und verlor schließlich den Halt.

Als am nächsten Morgen ein Mann sein Kind zum Kindergarten bringen wollte, sah er nur die Turnschuhe unseres Unglücksraben aus dem Gulli ragen. Der Schlüsselsucher war so tief gerutscht, dass er mit dem Gesicht unter Wasser geriet — ohne sich befreien zu können. So ertrank er in mäßig hohem Wasser, keine zwei Meter unter der Erdoberfläche. Der Schlüssel wurde nach dem Bergen des Toten ebenfalls gefunden.

Nach Unfallflucht betrunken erfroren

Speichersdorf (Kreis Bayreuth), Dezember 2008 • Eigentlich sah alles zuerst nach einer ziemlich dumm gelaufenen Unfallflucht aus. Die Polizisten fuhren nach Speichersdorf, weil dort von einem Auto ein Verkehrsschild umgefahren wurde. Da der größte Helfer der Polizei in solchen Fällen »Kommissar Zufall« ist, freuten sich die Beamten auch dieses Mal über etwas Hilfe: Sie fanden am Unfallort das Nummernschild des betreffenden Autos.

Also ging es ab nach Speichersdorf, zum Halter (42) des Fluchtfahrzeugs. Das Fahrzeug stand beschädigt in der Garage, sein Fahrer lag unansprechbar auf der Treppe vor der Haustür …

Es sah so aus, als schliefe er bloß seinen Rausch aus. Der Betrunkene hatte eine Platzwunde am Kopf, war stark unterkühlt und reagierte nicht auf Ansprache – also wurde er in ein Krankenhaus verfrachtet. Dort verstarb er Tage später.

Beim Pinkeln
vom Zug erwischt

Wattenscheid, Dezember 2008 • Eine
Gruppe von Frauen hielt sich am Samstag-
abend im Bereich des Bahnhofs von Wattenscheid auf. Als eine von ihnen das
drängende Gefühl hatte, sich erleichtern zu müssen, konnte sie leider nicht
die üblicherweise ekelhaften Bahnhofs-
toiletten besuchen. An so einem kleinen
Bahnhof gibt es einfach keine ...

Stattdessen entschied sie sich also,
das im Bereich der Gleise zu erledigen.
So oder so haben Männer es da etwas besser. In vielen Fällen reicht ein Busch,
eine Wand oder ein Baum. Damen setzen
oder hocken sich hin.

Nun wird der Verkehr, respektive der
Durchgangsverkehr auf so kleinen Bahn-
höfen oft unterschätzt. Und nicht nur
deshalb ist das Betreten von Gleiskör-
pern untersagt. Auch in Wattenscheid.
Schließlich wollte zu diesem Zeitpunkt
ein Eurocity-Zug die Strecke passieren.

Eines der Newton'schen Gesetze besagt —
simpel ausgedrückt — dass zwei Gegen-
stände nicht zur selben Zeit denselben
Raum einnehmen können. Dieses Prinzip
erfährt jeder bei einer Kollision. In
diesem Fall fiel die
sicher ziemlich heftig aus. Züge bremsen
bei der Durchfahrt kleiner Nebenbahn-
höfe nämlich nicht wirklich ab, und so
dürfte der Eurocity eine hohe Geschwindigkeit gehabt haben, als er die Dame
erfasste und tödlich verletzte.

ALS NACHTISCH RUSSISCHES ROULETTE

Köln, Dezember 2008 • Meiner Meinung nach sollte eigentlich gar kein »normaler Mensch« die Erlaubnis haben, Schusswaffen zu besitzen. Und dazu zählen auch jene Zeitgenossen, die sich Jäger nennen. Was damit so alles passieren kann, zeigte sich am Beispiel eines Kölner Jägers (52). Als »lustigen Gag« beim Weihnachtsessen meinte der angetrunkene Schusswaffenbesitzer, nun russisches Roulette spielen zu müssen.

Nicht viel cleverer stellten sich offenbar die übrigen Gäste an, von denen keiner den Schützen von seinem Vorhaben abbringen konnte. Und so nahm er den Revolver, der ihm normalerweise dazu diente, verletzten Tieren einen Gnadenschuss zu verpassen. Er lud ihn, drehte die Kammer – ganz wie in schlechten Filmen. Dann drückte er die Knarre an die Schläfe und drückte ab.

Eine Chance von 1:5 ist klasse beim Lotto oder herkömmlichen Roulette. Beim russischen Roulette ist diese Chance verheerend!

Schwer verletzt und blutüberströmt kam der Roulette-Verlierer ins Krankenhaus, wo er zwei Tage später verstarb.

Kopf im Gartenteich gelöscht?

Travemünde, Januar 2009 • Ein mehr als denk- und merkwürdiger Fall ereignete sich im Kleingartengelände Travemünde Hollbeck. Der Besitzer (73) einer Parzelle wurde von seiner Stieftochter tot aufgefunden … mit dem Kopf im Gartenteich, ertrunken.

Polizeiliche und gerichtsmedizinische Untersuchungen deuten derzeit auf folgendes Szenario hin: Zwei Tage vor dem Unglück war der Kleingärtner in sein Häuschen gefahren. Dort betrieb er einen Gaskocher – vermutlich zur Nahrungszubereitung. Aus nicht ganz klaren Gründen muss er an diesem Kocher wohl in Brand geraten sein, Oberkörper und Kopf weisen Brandverletzungen auf. Vermutlich wusste er sich keine andere schnelle Rettung, als zu seinem Gartenteich zu rennen und den Kopf ins Wasser zu tauchen.

Ob er durch die Aufregung, den Kälteschock oder die Verletzungen dort kollabierte und deswegen ertrank, wurde nicht berichtet.

Mit Gipsbein und Krücken übern Zaun

Frankfurt, Januar 2009 • Dieser Fall ist so absurd dämlich, dass es einem die Sprache verschlägt. Man muss sich das mal bildlich vorstellen: Da humpelt ein Mann (46) mit seinem Gipsbein auf Krücken durch die Gegend. An einer Straßenbahnhaltestelle beginnt er auf einmal, über eine Absperrung zu klettern. Schließlich ist das Krückenlaufen anstrengend und jede Abkürzung willkommen. Er klettert also – noch mal: mit Gipsbein und Krücken! – über einen Zaun, als er plötzlich das Gleichgewicht verliert und auf die Straße fällt. In dem Moment kommt ein Laster vorbei, erfasst ihn und verletzt ihn so schwer am Kopf, dass er an der Unfallstelle verstirbt.

Ach ja: Der reguläre Fußweg der Haltestelle war nur wenige Meter entfernt!

Schaufensterscheibe erlegt Einbrecher

Bülach (Kanton Zürich), März 2009 • Bülach ist ein beschauliches, kleines
Städtchen mit rund 16 000 Einwohnern.
Aber trotzdem gibt es auch hier Krimina-
lität. Das ist schlimm, aber zum Glück
bekämpft sie sich manchmal selbst.

Wie etwa im Falle eines Einbrechers
(19), der in der Nacht zum 14. März offenbar versuchte, durch die Schaufensterscheibe bei einem Friseur — oder wie
die Schweizer sagen: Coiffeur — einzusteigen.

Die Polizei ging davon aus, dass sich
der Möchtegern-Einbrecher tödliche
Schnittverletzungen zugezogen hat, als
er versuchte, durch die eingeschlagene
Schaufensterscheibe ins Geschäft zu gelangen.

Vermutlich hat er sie eingeschlagen,
wollte durchsteigen, und dann kam noch
ein dicker Splitter von oben. Gegen halb
acht am nächsten Morgen fiel einem Passanten zunächst die kaputte Scheibe auf,
dann entdeckte er eine leblose Person im
Inneren des Ladenlokals. Der Rettungsarzt konnte nur noch den Tod des Mannes
feststellen.

BEI NOTDURFT SELBST ERDROSSELT

Tschagguns (Österreich), Mai 2009 • Dieser Fall ist so skurril wie bedauerlich. Ein Österreichurlauber (43) aus dem Baden-Württembergischen Friedrichshafen musste des Nachts in Tschagguns mal aufs Klo. Dieses war leider besetzt, und so entschied sich der Mann, einfach in den Wald zu machen.

Da es aber schon nach Mitternacht war, hätte er das lieber lassen sollen. Er sah wohl die Hand vor Augen nicht und auch nicht den nahen Waldrand, hinter dem es etwa sechzig Meter in die Tiefe ging.

Nach einiger Zeit vermissten ihn seine Freunde, und so wurde die Bergrettung gerufen. Diese fand den Urlauber gegen halb vier in der Frühe nur noch tot vor. Er war den sechzig Meter tiefen Abhang hinabgestürzt und ist dabei mit seiner Kleidung irgendwo derart unglücklich hängengeblieben, dass er sich erhängte.

Betrunken aus dem Klofenster

Wien, Mai 2009 • Im betrunkenen Zustand fallen viele Dinge schwer. Das Aufschließen einer Tür, das gerade Gehen und — so wie es aussieht — auch das Unterscheiden zwischen Tür und Fenster ... Denn alles deutet darauf hin, dass das Wiener Opfer in seinem Zustand nicht mehr zwischen Klotür und Klofenster unterscheiden konnte und deshalb zu Tode kam.

In der Nacht lernte ein Wiener Pärchen bei seiner Zechtour zwei Männer kennen, die es im weiteren Verlaufe der Nacht in seine Wohnung einlud. So gegen 6:15 Uhr musste dann wohl einer der beiden auf die Toilette. Da er auch nach geraumer Zeit nicht wieder auftauchte, gingen die anderen mal nachgucken.

In der Sanitärabteilung war er nicht mehr zu finden. Stattdessen aber etliche Etagen tiefer auf der Straße. Seinen Verletzungen erlag er später in einem Krankenhaus. Die Polizei geht davon aus, dass er Fenster und Tür der Toilette verwechselt hat.

DER MISSGLÜCKTE BALKON-STUNT

Peine, Mai 2009 • Es gibt einen witzigen Film mit Jet Li, in dem er aus der obersten Etage eines Hauses flüchtet, wobei er sich an den Balkonvorsprüngen von Kante zu Kante abwärts fallen lässt … So etwas Ähnliches hatte wohl ein junger Mann (26) in Peine vor – aber er war eindeutig nicht Jet Li!

Er war vor der Polizei in den Hochhausblock der Peiner Lindenstraße geflüchtet, nachdem er zuvor schon ein paar Personen vor dem Haus mit dem Tod bedroht hatte. Der amtsbekannte Drogenabhängige hatte noch eine Haftstrafe von einem Jahr abzusitzen und wurde bereits mit Haftbefehl gesucht. Unter anderem hatte er sich durch Beleidigung, Diebstähle, Körperverletzung, Einbruch und Raubdelikte einen Namen gemacht.

Im neunten Stock des Hauses öffnete er die Wohnung einer Bekannten (die nichts bemerkte, weil sie Schlaftabletten genommen hatte) mit einem Schlüssel und weigerte sich, die Polizei hereinzulassen. Als die schließlich mit einem Schlüsseldienst ankam, fiel unserem Flüchtling offenbar so etwas wie der Jet-Li-Stunt ein. Er begab sich also auf den Balkon und versuchte, sich auf den darunterliegenden Balkon herunterzuhangeln.

Das klappte leider nicht, und so stürzte er unappetitliche neun Stockwerke tief! Im Krankenhaus verstarb er an den Folgen des Sturzes.

Mit der Bierbank die Sprungschanze runter

Wiesensteig, Mai 2009 • Im trunkenen Kopf kommen manche Leute auf die wunderlichsten Ideen. Doch meine Erfahrung zeigt, dass diese seltsamen Ideen auch schon vorher in solchen Köpfen stecken – sie trauen sich nüchtern nur nicht raus!

Mit Sicherheit eine sehr dumme Idee hatte ein Teilnehmer (37) einer Geburtstagsfeier im baden-württembergischen Wiesensteig: Die Geburtstagsfeier fand nahe einer Sommerskisprungschanze statt, und irgendwann hatte er sich dann eine dieser langen Bierzeltbänke geschnappt und sie dreißig Meter vom Lagerfeuer zur Schanze getragen. Er hatte vor, die Bank umzudrehen und die Schanze damit herunterzuspringen. Da er das früher schon mal mit einem Wok und einer Bierbank gemacht hatte, sah er auch jetzt kein Problem darin. Wie ich schon sagte: Grundsätzlich stecken solche Ideen schon in solchen Köpfen …

An diesem Abend versuchten zwei Freunde ihn davon abzuhalten, doch der Amateur-Schanzenspringer ließ sich nicht abhalten. Wäre doch nur sein Sichtvermögen so stark wie seine Entschlossenheit gewesen. Dann hätte er gesehen, dass dieses Mal die Schanze an ihrem unteren Ende mit einem sieben Millimeter starken Stahlseil mit Absperrband gesperrt war. Hat er aber nicht. Und so endete der geplante Sprung an diesem Seil, was dazu führte, dass er sich so schwere Gesichts- und Schädelverletzungen zufügte, dass er noch an der Schanze verstarb.

DER EIGENE SICHERHEITSZAUN

Dotternhausen, Mai 2009 • Mein Schwiegervater hat teure Kois in seinem Garten. Immer wieder kommen Katzen und Reiher, um sich dort einen Snack zu holen. Er hat schon alles versucht, von Sprinkleranlagen mit Bewegungsmeldern bis hin zu gespannten Netzen. Doch bestimmt käme er nicht auf die Idee, sich selbst einen Elektrozaun zu basteln.

Genau das tat aber ein Mann (52) aus Dotternhausen. Er hatte einen Zaun rund um seinen Gartenteich gespannt, den er nun mit einer Stromleitung elektrifizieren wollte.

Dazu hatte er eine Verlängerungsschnur aus der Garage zum Teich gelegt und dann einen blanken Stromdraht mit dem Zaun verbunden. Ob er den Effekt gleich testen wollte oder warum sonst er mit einem stromführenden Kabel arbeitete – wir werden es nicht mehr erfahren.

Er erhielt sofort einen tödlichen Stromschlag mit Verletzungen an Händen und Armen. Irgendwer fand ihn leblos im Garten liegen. Der später eintreffende Notarzt konnte nur noch den Tod feststellen.

Letzter Kopfsprung in die Regnitz

Bamberg, Juni 2009 • Junggesellen-
abschiede sind (mittlerweile) traditio-
nelle Besäufnisse, in deren Verlauf sich
die Teilnehmer teilweise in schwach-
sinnigen Aktionen zu übertreffen versu-
chen. Diese Tradition wollte wohl auch
ein Schweinfurter (23) auf einer Bamber-
ger Junggesellenfeier fortsetzen, als
er in bierseliger Laune auf die Idee
kam, ins Flüsschen Regnitz zu springen.

Dazu hatte er sich den Geyerswörthsteg
ausgesucht, welcher sich in der Nähe des
alten Rathauses befindet. Mitten zwischen seinen neun — vielfach auch
betrunkenen — Kollegen stieg er auf das
Brückengeländer und sprang dann kopfüber aus fast vier Metern Höhe in den
Fluss. An dieser Stelle hat der aber nur
knapp einen Meter Tiefe. Der übermütige
Franke schlug mit der Schädeldecke auf
und war sofort tot.

Fahrlehrer rast in Schaufenster

Osterhofen, Juli 2009 • Wenn Menschen durch Selbst-überschätzung und dumme Fahrfehler sterben, dann fällt mir – als Sohn und Enkel eines Fahrlehrers – oft als Erstes ein, dass er in der Fahrschule doch besser hätte aufpassen sollen. Wenn ich jedoch von einem Fahrlehrer lese, der bei einem ebenso hirn- wie sinnlosen Unfall gestorben ist, dann habe ich meine Zweifel daran, ob dieser Berufsstand heutzutage noch vernünftige Fahranfänger hervorbringen kann.

Ein gutes Beispiel dafür ist ein Unfall, der sich in Osterhofen (Landkreis Deggendorf) zugetragen hat. Ein Fahrlehrer aus Osterhofen fuhr mit seinem Motorrad über den Osterhofener Stadtplatz. Zeugen sagen aus, dass er die Maschine immer wieder mal hochgerissen hat, um auf dem Hinterrad zu fahren. Aufgrund dessen und seiner überhöhten Geschwindigkeit verlor er plötzlich die Kontrolle über sein Motorrad und raste mit Schmackes gegen die Schaufensterscheibe der orts-ansässigen St.-Martin-Apotheke. Dabei zog er sich schwerste Verletzungen zu, an denen er im Krankenhaus verstarb.

Mich macht dieser Fall ehrlich gesagt fassungslos. Wenn nicht einmal mehr Fahrlehrer vernünftig genug sind, wer soll dann sicherheitsbewusste Verkehrsteilnehmer ausbilden?

Frau grillt im Wohnzimmer

Bad Wiessee, Juli 2009 • Okay, der Sommer
ist nicht mehr das Wahre! Es könnte
deutlich wärmer und trockener sein. Zum
Grillen im Freien ist einem da leider
oft nicht wirklich. War es einer Frau
(48) im oberbayerischen Bad Wiessee wohl
auch nicht. Sie hatte sich einen nagel-
neuen Grill gekauft und wollte den endlich mal ausprobieren.

Was sie nun in letzter Konsequenz dazu
getrieben hat, das in ihrer Wohnung zu
tun, werden wir nicht mehr erfahren. Jedenfalls erschien sie zum vereinbarten
Zeitpunkt nicht zu der Verabredung mit
ihrer Mutter, weswegen diese mit einer
Bekannten die Wohnung der Tochter auf-
suchte. Das Auto stand vor dem Haus, auf
Klingeln reagierte jedoch niemand — also
wurde die Polizei gerufen.

Die Tote wurde im Bett gefunden. Alle
Fenster waren zu. Im Zimmer stand ein
erkalteter Grill mit Asche, die Verpa-
ckung des neuen Grills lag noch daneben.
Die Untersuchung ergab eine Kohlenmonoxidvergiftung als Todesursache.

HUNGRIG
UND
BETRUNKEN

Groß Düben, August 2009 • Einer meiner Lieblings-comics ist der von einem Mann, der besoffen nach Hause kommt und im Kühlschrank nur noch ein aufge-schlagenes Ei in einer Schüssel findet. Das haut er sich in die Pfanne, aber als es nach einiger Zeit immer noch nicht fertig ist, schaltet er den Herd aus und geht schla-fen. Am nächsten Morgen fragt ihn sein Mitbewohner, warum er sich einen halben Pfirsich braten wollte ...

Grundsätzlich beinhaltet das Kochen mit volltrunke-nem Kopf ein großes Gefahrenpotential, wie auch das Beispiel eines jungen Mannes (24) in Groß Düben zeigte. Er kam in den frühen Morgenstunden betrun-ken nach Hause und wollte sich offenbar in der Back-röhre etwas zu essen machen. Dabei bediente er die fal-schen Knöpfe und schlief ein, bevor er zum Kochen, geschweige denn zum Essen kam. Drei eingeschaltete Herdplatten verursachten einen schwelenden Zimmer-brand mit starker Rauchentwicklung. Der hungrige Mann verstarb an einer Kohlenmonoxidvergiftung.

Genickbruch beim Cliffdiving

Ettenbüttel, August 2009 • Beim Baden in Flüssen und Kanälen springen immer wieder Leute von Brücken ins Gewässer. Meist halbwüchsige Jungs …

Es gibt natürlich auch immer wieder Unfälle, aber das scheint keinerlei Lerneffekte hervorzurufen. Aber unter all diesen Unfällen gibt es eben auch welche, die nur ein ungläubiges Kopfschütteln hervorrufen können.

Einfache Frage: Würden Sie acht, neun Meter in die Tiefe springen und dann in einem wenig mehr als einen Meter tiefen Becken landen wollen? Mit einem Kopfsprung? Nee? Ich auch nicht!

Einen Unvorsichtigen (54) aus Ettenbüttel haben diese denkbar schlechten Voraussetzungen aber nicht abgehalten: Er kletterte auf die Brücke in der Nähe eines Minigolfplatzes und sprang dann kopfüber 8,50 Meter in die Aller. An dieser Stelle ist das Wasser aber lediglich knapp 1,20 Meter tief!

Die Polizei geht davon aus, dass er mit dem Kopf auf dem Grund der Aller aufschlug. Es ist davon auszugehen, dass er aufgrund eines Genickbruchs verstarb.

STARKSTROM-BADEUNFALL

Dortmund-Lindenhorst, August 2009 • Ab und zu gehe ich an einem Kanal spazieren. Im Sommer liegen dort viele Leute am Ufer, und manche gehen auch im Kanal schwimmen. Die besonders Wagemutigen oder besonders Dummen – nahezu ausschließlich Jungen unter Hormonkontrollverlust – springen sogar von Brücken, die über den Kanal hinwegführen. Aber bislang konnte ich mir nicht vorstellen, dass jemand von einer Eisenbahnbrücke in einen Kanal springen und dabei riskieren würde, der Oberleitung im nassen Zustand nahe zu kommen.

Man kann eigentlich nur fassungslos den Pressebericht der Polizei zitieren: »Ein siebzehnjähriger Jugendlicher aus Dortmund kletterte am 23. 08. 2009, gegen 16:00 Uhr, auf die Eisenbahnbrücke Hardenberg, um vom höchsten Punkt der Brücke in den Kanal zu springen. Bei der Eisenbahnbrücke über den Dortmund-Ems-Kanal (KM 3,200) in Dortmund- Lindenhorst handelt es sich um eine Rundbogen-Metallkonstruktion. Konstruktionsbedingt wird eine 15 000-Volt-Stromleitung oberhalb des Fahrdrahtes geführt.

Der Jugendliche wurde bei einem Sprung von der Brücke durch einen Lichtbogen getroffen, erhielt so einen Stromschlag und fiel leblos ins Wasser, wo er versank. Nach der Bergung durch die Feuerwehr verliefen die Reanimationsversuche des Notarztes leider erfolglos.«

iM Streit
VOM BalKon
GeFallen

Duisburg, August 2009 • Nachbarschaftsstreitigkeiten enden in Deutschland häufig vor dem Kadi. Im vorliegenden Fall endete er vier Stockwerke tiefer auf dem Boden. In der Overbruchstraße in Walsum hatten zwei Nachbarn in der vierten Etage auf ihren jeweiligen Balkonen miteinander gestritten.

Einer der beiden Streithähne (30) versuchte im Verlauf des Streits in alkoholisiertem Zustand auf den Balkon des Nachbarn zu klettern. Das ging leider gründlich schief, so dass der Kletterer abstürzte und auf dem Boden aufschlug, wo er — trotz zunächst erfolgreicher Reanimation — kurz darauf verstarb.

DAS LETZTE FOTO

Magdeburg, August 2009 • Was tut man nicht alles für ein gutes Foto? Wie man an folgendem Beispiel sieht, riskieren dabei manche sogar ihr Leben – und verlieren! Ein Hobbyfotograf (22) wollte am Bahnhof Magdeburg-Buckau die Gleise in der aufgehenden Sonne fotografieren. Gleise, die sich in der Ferne verlieren – ein tolles Motiv. Und wer so etwas schon mal fotografiert hat, weiß, dass es umso besser wirkt, je höher der Fotograf steht.

Das dachte sich wohl auch der Mann in Magdeburg, und deshalb kletterte er auf einen Güterwagon. Und als er so am Knipsen war, ruckte es plötzlich, und der Zug setzte sich in Bewegung. Und was macht der Fotograf? Hält sich reflexartig am nächsten erreichbaren Halt fest – ärgerlicherweise war das die Oberleitung …

Laut verschiedenen Meldungen sind ihm dann 50 000 Volt durch den Körper geschossen. In ähnlichen Fällen ist immer von 15 000 Volt die Rede. Wie auch immer, der vermeintlich rettende Griff kostete ihn das Leben. Seine beiden Freunde erlitten nach Polizeiangaben einen Schock.

IN DER BETONSTEIN-MASCHINE

Wiesbaden, September 2009 • Es gibt ein
paar Maschinen, an und in denen man
nichts zu suchen hat, wenn sie laufen.
Die Mikrowelle kann man nicht anschal-
ten, solange die Tür auf ist — und das
ist auch gut so. Auch Waschmaschinen
lassen sich erst einige Zeit nach ihrem
Stillstand öffnen. Wo es solche Sicherheitsmechanismen nicht gibt, sollte der
gesunde Menschenverstand greifen. Leider tat er das im vorliegenden Fall eines Arbeitsunfalles nicht.

Der Mitarbeiter (35) eines Betonwerks
hatte die Aufgabe, eine Steinferti-
gungsanlage zu reinigen, in der Beton-
steine hergestellt werden. Entgegen den
dortigen Regeln tat er das im laufenden
Betrieb der Maschine. Dabei geriet er
mit dem Kopf in die Maschinerie und
wurde tödlich verletzt.

Fünfzehn Zentimeter Wasser

Sankt Englmar, September 2009 • Oktoberfest, Zeit des Vollrauschs. Die Vögel zwitschern, die Bayern singen, und der Geruch von Erbrochenem zieht durchs Land ... Zeit, draußen spazieren zu torkeln. Einen Mann aus Regensburg, mit Zweitwohnsitz in Sankt Englmar (Kreis Straubing-Bogen), überkam – nach dem Besuch mehrerer Kneipen – das dringende Gefühl, sein gerade erst konsumiertes Bier gleich wieder dem Naturkreislauf zuzuführen. Aus diesem Grund trat er an die Böschung eines Wassergrabens in der Nähe eines Kindergartens.

Unglücklicherweise rutschte er an der etwa 1,30 Meter hohen Böschung aus und fiel mit dem Kopf voran in den Wassergraben. Dort blieb er mit dem Gesicht nach unten liegen ... in fünfzehn Zentimeter hohem Wasser! In Tateinheit mit Volltrunkenheit reichte das aus, um an Ort und Stelle zu ertrinken.

Und so fanden ihn am nächsten Morgen einige Passanten. Die Polizei ging von einem Unfall aus.

Beim Pinkeln aus Hotelfenster gefallen

München, September 2009 • Tja, das Oktoberfest …
Es zieht nach wie vor eine ganz besondere Art von
Menschen an. Ein britischer Schiffstechniker (25)
hatte sich als Tourist in München aufgehalten. Irgendwann im Laufe des Tages trennte er sich von seiner
Reisegruppe – offenbar um dem nachzugehen, was
englische Touristen weltweit am liebsten machen.

Stark betrunken kehrte er erst am Sonntagmorgen
(gegen vier Uhr) wieder in sein Hotel in der Landsber-
ger Straße zurück und machte sich auf den Weg in sein
Zimmer. Er kam sogar bis in sein Zimmer, verließ es
aber bald wieder. Dabei verirrte er sich und torkelte
durch die Gänge. Weil er plötzlich das dringende Gefühl verspürte, von seinen Getränken wieder etwas
loswerden zu müssen, öffnete er in einem Hotelgang
im sechsten Stockwerk ein Fenster und setzte sich vermutlich auf das Fensterbrett. (Um ehrlich zu sein,
wollte er wohl nicht nur pinkeln!) Er stürzte die sechs
Stockwerke tief in den Hof und wurde dort schließlich
und endlich gegen sieben Uhr gefunden – mit heruntergelassener Hose.

MIT DEM SCHÄDEL GEGEN DIE WERBETAFEL

Klagenfurt (Österreich), Oktober 2009 • Kaum etwas ist so sehr als ein Werkzeug der natürlichen Auslese zu betrachten wie der Wheelie auf dem Motorrad! Es gibt keinen vernünftigen Grund, auf nur einem Rad eines Motorrades zu fahren. Aber Angeberei, Dummheit und Hormone geben (ausschließlich) Männern offenbar genügend Anlass, es dennoch zu tun.

So dieses Mal einem Maschinenbautechniker (28) aus Klagenfurt. Vor einem beliebten Motorradtreff wollte er sich aufspielen und zog seine Karre zum Wheelie hoch. Beim Üben zu Hause hat das ja wohl geklappt, doch dieses Mal ging es so gründlich schief, dass er keinen zweiten Versuch mehr bekam! Er verlor die Kontrolle über sein Motorrad, kam links gegen die Bordsteinkante, fuhr noch rund zwanzig Meter am Gehweg weiter, um schließlich gegen den Betonsockel einer Werbetafel zu prallen. Mit dem Kopf bretterte er dann gegen die Werbetafel und brach sich dabei Schädel und Genick.

Geisterfahrer auf der Flucht

Berlin-Wittenau, Oktober 2009 • Als ich die
ersten Meldungen über diesen Fall las,
musste ich schon den Kopf schütteln: Ein
Autofahrer (34) fährt in falscher Richtung
auf eine Autobahn auf ... So etwas gibt es
noch? Doch wenig später wurden die Meldungen
um ein paar Fakten reicher, und damit wurde
der Geisterfahrer endgültig zu einem Kandi-
daten für den Darwinpreis.

Die Polizei wollte gegen Mitternacht einen
Verkehrsteilnehmer wegen einer Ordnungs-
widrigkeit überprüfen. Aus welchem Grund
auch immer. Er reichte den Beamten seine
Papiere und raste dann unvermittelt los. Die
Ordnungshüter nahmen sofort die Verfolgung
auf.

In Wittenau fuhr der Flüchtige dann am
Waidmannsluster Damm auf die Stadtautobahn
BAB 111, wie gesagt, in verkehrter Richtung!

Unter der Schulzendorfer Brücke schoss er
dann frontal in einen entgegenkommenden
Lastwagen. Dabei wurde der Wagen schwer
beschädigt und der Fahrer in seinem Auto
eingeklemmt. Seinen schweren Verletzungen
erlag der Charlottenburger noch am Unfallort.

Der Raucher und der explodierende Sauerstoff- schlauch

Fürth, Oktober 2009 • Wir können froh sein, in keiner reinen Sauerstoffatmosphäre zu leben. Ein einziger Waldbrand könnte das Ende jeglichen Lebens auf der Erde bedeuten. Aber wie muss jemand drauf sein, der in einem Krankenhaus liegt und so schlecht zurecht ist, dass er einen Sauerstoffschlauch in der Nase hat – und sich dann eine Zigarette anstecken muss?

Um mit einem Sauerstoffschlauch versorgt zu werden, muss ein Patient schon erhebliche Atemprobleme haben. Mit solchen Problemen noch zu rauchen kann auch ohne Sauerstoffzusatz bereits tödlich sein. Der Mann lag nun also in einem Klinikum in Fürth in seinem Patientenzimmer. Dort zündete er sich dummer- und verbotenerweise eine Zigarette an. Wegen des Sauerstoffs an der Glut kam es zu einer Verpuffung, in deren Folge der Patient schwere Verbrennungen erlitt. Diesen erlag er wenig später im Krankenhaus.

HOCHSPAN-
NUNG   IM
WEIDEZAUN

Tannheim (Österreich), Oktober 2009 •
Eigentlich wollte der Landwirt (34) nur
einen Weidezaun abbauen. Wenn die unter
Strom stehen, sind sie zwar unangenehm,
aber in der Regel nicht tödlich. Mit
seinem Vater zusammen wollte der Bauer
seinen Weidezaun einen steilen Hang hin-
unterziehen — in Richtung Neu Kienzen.

Dabei verfing sich der Draht des Zaunes
in einem Baum — was ja schon seltsam genug ist. Anstatt aber nun den Draht aus
dem Baum vorsichtig zu entfernen, zog
der Bauer weiter und weiter. Der Draht
hingegen stieg dabei höher und höher
Richtung Wipfel. Schließlich gelangte
der Draht an eine dämlicherweise kreu-
zende Hochspannungsleitung und leitete
den Strom in Richtung des ziehenden
Landwirtes. Der erhielt dadurch einen
tödlichen Stromschlag.

Auch der Rettungsarzt, der mit dem Hubschrauber eingeflogen wurde, konnte den
Junior-Landwirt nicht wiederbeleben.

NOTDURFT AM DORFTEICH

Neuhaus-Schierschnitz, November 2009 • Am Morgen entdeckten Spaziergänger beim Gassigehen am sogenannten Kobs-Teich eine Leiche. Die alarmierte Polizei dachte zunächst wohl an eine Straftat. Doch nicht lange. Wie sich im Laufe der Ermittlungen herausstellte, war der Mann stark alkoholisiert dem Teich versehentlich oder absichtlich zu nahe gekommen, um sich dort zu erleichtern.

Im Laufe dieser Verrichtung fiel er ins Wasser, und ihn ereilte dasselbe Schicksal wie den Regensburger von Seite 120/121 – er ertrank.

Achtzehn Meter tief

Offenburg, November 2009 • Jugend, Hormone, Übermut und (vermutlich) Alkohol – eine ganz böse Mischung, die tödlich wirken kann. Leider auch in diesem Fall. Ein Schüler (19) aus Offenburg befand sich schon auf dem Heimweg, als er mit seinem Freund an einem eingerüsteten Gebäude in der Okenstraße vorbeikam. Aus Übermut – oder wie wir als Kinder früher sagten »aus Spaß« – entschieden sich die beiden, das Gerüst zu erklettern, um aufs Dach zu gelangen.

Das spätere Opfer entschied sich, auch noch das Glasdach des Gebäudes zu betreten, was seinem Kollegen zu heikel war – weswegen er wieder hinabkletterte. Während des Hinunterkletterns merkte er, dass sein Freund immer noch dort oben stand, und er forderte ihn – vergeblich – auf, ebenfalls wieder herunterzusteigen. Der verlor jedoch plötzlich das Gleichgewicht, fiel und stürzte dann rund achtzehn Meter in die Tiefe. Trotz des sofort alarmierten Rettungsdienstes verstarb der Schüler kurz darauf im Krankenhaus.

Rentner vom eigenen Auto überrollt

Kaufbeuren, November 2009 • Da muss Leichtsinn lange gutgegangen sein – oder die Aufmerksamkeit nachgelassen haben. Ein Kaufbeurener Rentner stellte sein Auto vor der Garage auf seinem Grundstück ab, um seine Frau aussteigen zu lassen. Sie sollte die Garage öffnen. Aus einem nicht näher erklärten Grund stieg er selbst dann auch noch aus dem Wagen, und in diesem Moment setzte sich das Fahrzeug in der abschüssigen Einfahrt in Bewegung.

Die denkbar schlechteste Reaktion war nun sein Versuch, den Wagen aufzuhalten, indem er die Hände gegen das Heck stemmte. Der PKW war einfach zu schwer und überrollte den Mann. Seinen schweren Verletzungen erlag der Fahrer noch am Unfallort.

Beim Stuhlgang im Bach ertrunken

Neuötting, November 2009 • Das Phänomen, in einen Bach zu kacken, dabei auszurutschen und zu ertrinken, scheint hauptsächlich in ländlichen Bevölkerungsschichten verbreitet zu sein. Es gab in der Vergangenheit bereits ähnliche Fälle. Okay, in der Stadt findet man ja auch eher eine öffentliche Toilette als einen Bach.

Im vorliegenden Fall kam ein Mann aus Alt-
ötting ums Leben, den es in der Nähe des
Mühlbaches in Neuötting überkam. Ein Spaziergänger und zwei Jogger fanden ihn gegen
neun Uhr morgens, ertrunken und nur halb be-
kleidet im erwähnten Mühlbach, einem knapp
ein Meter tiefen Kanälchen, das zum Zeitpunkt des Unglücks eiskaltes Wasser führte.
Die Untersuchungen der Polizei lassen darauf schließen, dass er beim Überqueren des
Baches auf einer Brücke eine gute Gelegen-
heit sah, sich im Bach zu erleichtern. Also
stellte er seinen Wanderstock ans Geländer
und stieg das Ufer zum Bach herunter. Dann
ließ er wohl die Hose runter und hockte sich
über den Bachlauf.
Es sieht so aus, als wäre er dabei ausge-
rutscht und rückwärts in den Bach gefallen.
Warum er dabei dann ertrank (Schock durch
das kalte Wasser?!), werden wir nie mehr
erfahren. Die Polizei ging jedenfalls von
einem Unfall aus.

HANDBREMSE VERGESSEN – VOM LASTER ÜBERROLLT

Bad Berka / Bernau, Dezember 2009 • Ein Lkw-Fahrer aus Eberswalde stellte an der Landstraße zwischen Bad Berka und Troistedt seinen Sattelschlepper, der mit Stahlträgern beladen war, gegen vier Uhr morgens ab und stieg aus. Wie es aussieht, hatte er auf der abschüssigen Straße seinen Laster wohl nicht richtig gesichert. Jedenfalls geriet der Vierzigtonner ins Rollen und überfuhr den davor befindlichen Fahrer.

Anschließend rollte der Lkw auch noch in den Straßengraben und kippte nach rechts um. Der Fahrer wurde so schwer verletzt, dass er noch am Ort des Geschehens verstarb.

Betrunken vom Hausdach gefallen

Castrop-Rauxel, Dezember 2009 • Ein böses Ende nahm eine Fete in Castrop-Rauxel. Im Anschluss an die Feier meinte einer der Partygäste (18), er müsse mal eben auf ein Hausdach klettern. Dazu stieg er an einem Baugerüst ein zweieinhalbstöckiges Haus hinauf und betrat dort das Dach. Dort rutschte er aber aus und fiel etwa acht Meter tief auf dem harten Boden der Realität auf.

Mit schweren Kopfverletzungen wurde er von einem Rettungshubschrauber ins Krankenhaus von Recklinghausen geflogen, wo er rund drei Stunden später verstarb. Die Kombination aus Alkohol und Baugerüsten scheint in diesem Alter gefährlich zu sein, wie der Fall aus Offenburg (Seite 134/135) bereits gezeigt hat.

DER LETZTE TRITT DES U-BAHN-RANDALIERERS

Berlin, Dezember 2009 • Es gibt die seltsamsten Arten zu sterben. Ein Deutscher (22) mit nicht näher bekanntem Migrationshintergrund befand sich – nach Ermittlungen der Polizei – wohl allein in einem Wagon der U-Bahnlinie 2, als er dort randalierte und sich schließlich entschloss, eine Scheibe der U-Bahn herauszutreten. Die Splitter der Scheibe wurden später auch neben seiner Leiche gefunden.

Höchstwahrscheinlich war der junge Mann beim Heraustreten der Scheibe mit seinem Bein recht weit durch das Fenster nach draußen vorgestoßen. Leider fuhr die U-Bahn zu diesem Zeitpunkt ziemlich nah an einem Signalmast vorbei. Dieser erwischte das Bein, und der Scheibentreter wurde aus dem Zug gerissen. (1998 ist das einem Hooligan nach einem Hertha-Spiel auch schon mal passiert. Der kam allerdings mit einer Beinamputation davon!) Unser Kandidat wurde nicht nur aus dem Zug gerissen, sondern auch noch direkt auf das Gleis in Gegenrichtung geschleudert. Dort wurde er dann offensichtlich noch von einem zweiten Zug überfahren, dessen Fahrer ihn dabei dann »entdeckte«.

MIT DER GASPISTOLE GEGEN DIE POLIZEI

Leimen bei Heidelberg, Dezember 2009 • Am Weihnachtsabend überfielen drei Burschen von neunzehn beziehungsweise zwanzig Jahren in den frühen Morgenstunden eine Tankstelle. Nach ihrer Festnahme nannten sie ihre Finanznot als Grund für den bewaffneten Überfall. Doch bis zu dieser Festnahme passierte eine ganze Menge. Beim Verlassen der Tankstelle wurden die drei von einer Polizeistreife überrascht und flohen zu Fuß. Das spätere Opfer wurde rund einhundert Meter vom Tatort entfernt in einer Seitenstraße gestellt – und zog dann eine Pistole. Wie sich erst später herausstellte: eine 9mm-Gaspistole.

Die Polizisten forderten ihn laut rufend zum Aufgeben auf und verlangten außerdem, dass er seine Waffe fallen lässt. Doch der Tankstellenräuber fing an, nutzlos mit der Schreckschusspistole rumzuballern. Daraufhin eröffneten die Polizisten, die ja nicht wissen konnten, dass er nur ein Spielzeug abschießt, das Gegenfeuer. Zwei Kugeln trafen den Uneinsichtigen, eine ins Bein und eine in den Oberkörper. Ein Notarzt konnte ihn nicht wiederbeleben.

Der zwanzigjährige Kumpan des Opfers wurde in einem abgestellten Fluchtwagen gestellt, der andere Neunzehnjährige in seiner Wohnung in Mannheim gefunden. Bei ihrer fatalen Aktion hatten sie ein paar hundert Euro erbeutet.

Tod beim Reinigen der Dienstwaffe

Hannover, Januar 2010 • Seltsame Dinge geschehen bei der Polizei der Region Hannover mit Dienstwaffen. Nur wenige Tage vor diesem Fall hatte sich ein Beamter in Wunstorf selbst angeschossen und schwer verletzt, als er seine Knarre aus dem Waffenschrank genommen und ins Schulterholster gesteckt hatte. Man muss sich klarmachen, dass beim Abschießen einer Polizeipistole ein Abzugsgewicht von etwa zwei Kilo überwunden werden muss. Die Dinger ballern also nicht einfach so los … wäre ja auch noch schöner!

Aber so richtig dick kam es dann beim zweiten Fall! Ein Polizeibeamter (56) saß in einem Büro und reinigte seine Waffe, als sich »aus ungeklärter Ursache« ein Schuss löste und ihn in den Oberkörper traf. Man muss davon ausgehen, dass die Sicherheitsregeln beim Reinigen einer Waffe aufs Gröbste verletzt wurden, wenn sich in der zu reinigenden Waffe noch Munition befand. Und die Polizei ging von einem Unglücksfall aus.

Jacke auf Herdplatte kostet Studentin das Leben

Graz (Österreich), Januar 2010 • Eine
Studentin im schönen Graz hatte scheinbar dasselbe Leiden wie meine Töchter:
Die Garderobe ist nur eine Verzierung an
der Wand. Jacken legt man ab, wo immer
Platz ist. Nur war es in diesem Fall eindeutig der falsche Platz! Die junge Frau
(19) hatte ihre Winterjacke nämlich auf
einer eingeschalteten Herdplatte abge-
legt.

Bis um Mitternacht telefonierte sie
noch mit ihrer Mutter, mit der sie sich
am nächsten Tag treffen wollte. Als sie
zu diesem Treffen nicht auftauchte, ging
die Mutter zu der Wohnung. Dort waren
bereits vor dem Haus Rauchwolken zu sehen. Mit fremder Hilfe stieg die Mutter
in die Wohnung ein und fand ihre tote
Tochter im Wohnzimmer. Die junge Studentin war einer Rauchgasvergiftung erlegen, für die der Schwelbrand verantwort-
lich war, der durch die brennende Jacke
ausgelöst wurde.

Bei Handysuche im Gulli ertrunken

Innsbruck (Österreich), Februar 2010 • Mit einem stark alkoholisierten Opfer gab es bereits einen ähnlichen Fall. Dass so etwas aber auch jemandem passiert, der stocknüchtern und deshalb vermutlich Herr seines Verstandes war, damit hätte ich nicht gerechnet. Doch genau das passierte im Innsbrucker Stadtteil Reichenau.

Unmittelbar bei seinem Wohnhaus in der Radetzkystraße fiel ihm das Handy aus der Hand. Das kann schon mal passieren. Oft ist das Teil dann kaputt. Doch ihm fiel das Teil auch noch in einen Gulli und verschwand unter der Erde. Selbst ist der Mann, dachte sich der etwa vierzig Jahre alte Mann und hob beherzt den Deckel hoch.

Er beugte sich in den Schacht und versuchte, sein Telefon zu erreichen. Als das nicht so einfach möglich war, beugte er sich etwas weiter vor – und verlor den Halt. Kopfüber rutschte er in den engen Schacht. Dort verlor er das Bewusstsein.

Ein Anwohner sah nur die Füße aus dem Kanalschacht ragen und zog den Verunglückten heraus. Der etwa 2,10 Meter tiefe Schacht war zu rund sechzig Zentimetern mit Wasser gefüllt. Tief genug, um zu ertrinken. Reanimationsversuche der herbeigerufenen Rettungskräfte blieben ohne Erfolg. Bei Ankunft in einer Klinik war der Mann bereits tot.

Selbst-gemachte Lawine

Schoppernau (Österreich), Februar 2010 •
Pistenmarkierungen in Skigebieten zu
ignorieren hat ganz offensichtlich evo-
lutionäres Potential. Überhaupt sind
Naturgewalten ja eine der wenigen Gele-
genheiten, in denen sich echte, natürli-
che Auslese zeigt. Im österreichischen
Bundesland Vorarlberg, im Skigebiet
Diedamskopf bei Schoppernau, waren zwei
jugendliche Skifahrer (17 und 18) und
zwei weitere Begleiter unterwegs. Natürlich nicht auf einer abgesteckten
Piste, sondern abseits davon. Die beiden
Burschen aus dem bayerischen Lindau haben die tödliche Lawine selbst ausgelöst, der sie dann zum Opfer fielen.
Ihre beiden Begleiter sahen den Lawinen-
abgang und alarmierten Rettungskräfte.
Doch eine Riesensuchaktion mit 160 Hel-
fern, drei Hubschraubern und vier Such-
hunden förderte die Jungs nur noch tot
zutage. Unnötig zu erwähnen, dass dort
die Lawinenwarnstufe 3 (von 5) gilt ...

GRILL-HEIZUNG

Klagenfurt (Österreich), März 2010 • Ein ebenso trauriger wie dummer, tödlicher Unfall: Ein verschuldeter Arbeitsloser (27) sollte aus seiner Wohnung geworfen werden, für die er seit Monaten keine Miete mehr gezahlt hatte. Aus diesem Grund wurde die Wohnungstür aufgebrochen. Dort fand man ihn aber nur noch tot vor.

Wie die Untersuchungen ergaben, war der Mann schon etwa einen Monat zuvor einer Kohlenmonoxidvergiftung erlegen. Nachdem man ihm wegen seiner Zahlungsunfähigkeit Heizung und Strom abgeschaltet hatte, kam er auf die lebensgefährliche Idee, seine Räume mit einem Grill zu heizen. Die dabei entstehenden tödlichen Gase leitete er zu seinem Pech nicht ab. Durch dieselben Gase erlosch das Feuer von selbst.

Beim Stromkabel-klauen gebritzelt

Seelow, März 2010 • Das Opfer (29) und sein Kollege (27) hatten sich vermutlich schon über ein gutes Geschäft gefreut. Immerhin sind die Preise für Kupfer recht hoch, und Schrotthändler fragen eigentlich selten danach, woher die Kabel stammen. Also wollten die beiden sich ein Starkstromkabel im Märkischen Oderland unter den Nagel reißen.

Als sie gerade dabei waren, es abzumontieren, stellte sich wohl heraus, dass die beiden einen kleinen, aber wichtigen Fehler gemacht hatten. Sie hatten sich nicht vergewissert, ob die Leitung stromfrei war. Es hat vermutlich ziemlich geknallt, als der Ältere der beiden von der 20.000-Volt-Leitung einen Stromschlag bekam.

Seinen jüngeren Kumpan konnte die Polizei kurz nach dem tödlichen Knall fassen.

Erst Spiegel verkratzt und dann vom eigenen Auto überfahren

Schöllnach, April 2010 • So richtig Pech hatte ein Auto-fahrer (34) im niederbayerischen Schöllnach (Kreis Deggendorf). In der Nacht hatte er beim Einparken in die Garage seinen Spiegel angekratzt. Wie die Untersuchungen ergaben, verließ er daraufhin seinen Wagen und wollte sich die Bescherung ansehen. Warum er dazu hinter seinen Wagen trat, kann sich keiner richtig erklären. Vielleicht wollte er einfach von der einen zur anderen Seite wechseln. Jedenfalls war das keine gute Idee, denn er hatte gleichzeitig vergessen, die Handbremse anzuziehen!

Auf dem steilen Gelände geriet sein Auto ins Rollen und erfasste dabei leider den um seinen Rückspiegel besorgten Mann. Er wurde erst mitgeschleift und dann noch überfahren. Entdeckt wurde das Unglück erst am nächsten Morgen durch Passanten.

FALSCHER AUSSTIEG

Aachen, April 2010 • Der Linienbusfah-
rer hatte sicher nicht damit gerechnet, dass gegen ein Uhr nachts auf der
Freunder Landstraße ein Passagier un-
angemeldet aussteigen würde. Doch
genau das ist passiert: Ein alkoho-
lisierter Sechzehnjähriger hatte
anscheinend in Höhe der Freunder Landstraße / Komericher Weg »seine Haltestelle« verpasst. So etwas ist ärger-
lich, insbesondere nachts, wenn der
Bus der Gegenrichtung lange auf sich
warten lässt. Vielleicht hat auch
diese Überlegung den Passagier dazu
bewogen, die Not-Entriegelung der Tür
zu betätigen und bei voller Fahrt aus
dem Bus zu springen. Bei dem folgenden
Sturz zog er sich schwere Kopfverletzungen zu, denen er eine Woche später
erlag.

Sie waren nach Gebrauch bleiben einer Maschine...
...die sorgfältig ...der Stadt, über die (unleserlich) ...

IM
ALTPAPIERCONTAINER
ZERQUETSCHT

Lohne, Oktober 2010 • Man kann nur spekulieren, was die Slowenin (59) in Lohne im Kreis Vechta dazu gebracht hat, mit einem Schlafsack in einem Altpapiercontainer zu schlafen. Was sich dagegen als sicher feststellen ließ, ist die Tatsache, dass dieser Schlafplatz tödlich war.

Sie wurde vom Gabelstaplerfahrer eines Abfallentsorgungsbetriebs zwischen dem Altpapier gefunden. Die daraufhin angestellten Untersuchungen ergaben, dass die stark verletzte Frau sicher noch lebte, als sie mit dem Altpapier in den Laster der Müllabfuhr geladen wurde. Die Presse des Müllwagens dürfte ihren Tod herbeigeführt haben.

Der Klassiker: Föhn in der Badewanne!

Rutzenham (Österreich), April 2010 •
Dutzendfach in Filmen gesehen und trotz-
dem glaubt man eigentlich nicht, dass
jemand so leichtsinnig ist. Ein Landwirt
(35) aus Rutzenham bei Schwanenstadt
(Bezirk Vöcklabruck) wollte es sich im
Bad gemütlich machen, bevor er in die
Wanne stieg.

Zu diesem Zweck legte er immer einen
laufenden Föhn auf das Fensterbrett, um
das Bad etwas anzuwärmen. Anscheinend
verfügte das Bad über keine (ausreichend
funktionierende) Heizung. Man stelle
sich die Konstellation vor: ein Fensterbrett, darauf ein laufender Föhn, nicht
gesichert. Darunter eine volle Badewanne, darin ein badender Bauer, nicht
vernünftig.

Es kam, wie es kommen musste. Der Föhn
rutschte ins Wasser, der Schutzschalter
des Stromnetzes funktionierte nicht.
Der Agrarökonom erhielt einen tödlichen
Stromstoß. Kurz darauf kam seine Partne-
rin ins Badezimmer, die ihn tot vorfand.
Sie konnte ihn nicht wiederbeleben.

Motocross-Fahrer stoßen ohne Helm im Wald zusammen

Nähe Kloster Zinna (Teltow-Fläming), Mai 2010 • Im Zusammenhang mit dem Motorradfahren gibt es viele Gefahren. Nicht alle gehen vom Fahrer aus, sondern von seiner unachtsamen Umwelt. Und dann gibt es auch viele Dummheiten. Da stehen Selbstüberschätzung und Fahren ohne Helm ganz vorn.

Das haben nun auch zwei junge Männer erfahren müssen, die mit ihren Motocross-Motorrädern »ein bisschen in den Wald« gefahren sind.

Mit nicht zugelassenen Maschinen, ohne Helm, sind ein Neunzehnjähriger sowie ein Zwanzigjähriger am Montagabend in einen Wald bei Luckenwalde gefahren. Dort sind sie irgendwann zusammengestoßen, was den Tod des Älteren zur Folge hatte.

Der verletzte Unfallgegner verließ daraufhin den Unfallort zu Fuß und irrte durch den Wald, wo er gegen sieben Uhr des nächsten Morgens von seiner Mama gefunden wurde, um schließlich ins Krankenhaus zu kommen.

Aus den Berichten wurde nicht klar, ob sich die beiden Fahrer kannten oder sich nur zufällig »getroffen« haben.

Von der Leiter gefallen – sechs Etagen tief!

Jena, Mai 2010 • Eine wenig bekannte Tatsache, die selbst ich manchmal vergesse, wenn ich die Todesmeldungen lese, ist, dass Haushaltsunfälle Todesursache Nummer eins sein sollen. Diese Statistik wird durch den Tod eines Mannes (55) aus Jena nun wieder einmal untermauert.

Der Mann wollte den Frühlingsputz wohl auf seinen Balkon ausdehnen. Angeblich hatte er vor, Spinnweben zu entfernen. Dazu stellte er eine haushaltsübliche Aluminiumleiter auf – eines dieser Dinger, bei denen auf magische Weise die vier Beine nie richtig passen und die immer wackeln.

Dann erkletterte er die Leiter und begann seine Reinigungsarbeit.

Dabei neigte sich die Leiter leider in Richtung Geländer und der Kletterer verlor den Halt. Er fiel sechs Stockwerke in die Tiefe – also streng genommen sechseinhalb Etagen. An den dabei zugezogenen Verletzungen starb er noch am Unfallort.

Polnischer Tourist stirbt bei Probefahrt mit Roller

Hürtgenwald-Raffelsbrand, Juni 2010 • Alle kennen die dummen Klischees autostehlender Polen. Doch an diesem Wochenende wollte ein polnischer Tourist einfach nur nett sein – und war sehr, sehr leichtsinnig.

Er hatte kurz vorher den Roller eines Freundes repariert, bei dem er zu Gast war. Anschließend wollte er den Erfolg seiner Reparaturen bei einer Probefahrt testen – wie es wohl jeder gemacht hätte. Nur hätten die meisten Menschen dabei wohl einen Helm getragen und wären mit einem weder angemeldeten noch versicherten Roller auch nicht unbedingt auf eine Landstraße gefahren. Und ganz so sorgfältig war die Reparatur offenbar auch nicht. Denn er verlor schon bald die Kontrolle über das Gefährt und schleuderte gegen einen Baum am Straßenrand. Das hätte er vielleicht überleben können, hätte er einen Helm getragen. Doch so starb er noch in derselben Nacht im Klinikum Aachen.

Feier endet mit Starkstromschlag

Remchingen-Wilferdingen, Juni 2010 • Polizei und Feuerwehr sprechen hier von einem tragischen Unglück. Und das ist es sicher auch. Gegen zwei Uhr morgens war eine feiernde Gruppe »junger Erwachsener« am Bahnhof Wilferdingen unterwegs. In solchen Horden auf dem Heimweg spielen Übermut und Angeberei eine wichtige Rolle. Was davon den Nöttinger (18) dazu getrieben hat, die Gruppe zu verlassen und in Richtung der Gleise zu laufen, kann nur gemutmaßt werden. Die Gruppe selbst bemerkte sein Fehlen angeblich erst, als er brennend auf der Oberseite eines Kesselwagens stand — von dem er kurz darauf herunterfiel. Zu diesem Zeitpunkt dürfte er schon tot gewesen sein.

Wie später ermittelt wurde, war der junge Mann einen Kesselwagen auf Gleis drei hinaufgestiegen und oben herumspaziert. Ob er in direkten Kontakt mit der Starkstromleitung kam, war auch in diesem Fall wieder völlig unerheblich, weil bei 15 000 Volt eine Annäherung auf anderthalb Meter ausreicht, um sich einen tödlichen Stromschlag zu holen.

Hamburger Studentin fällt ⚠ vom Strom⚠mast

Hamburg, Juni 2010 • Jung sein, saufen und Übermut gehören zusammen. In den meisten Fällen gehört dazu aber auch noch ein weiterer Faktor: Mann sein ... Dass Frauen aus betrunkenem Übermut richtig dämliche Sachen tun, kommt vor. Doch in der Regel ist das Ergebnis bestenfalls ein Schauer, wenn sie morgens neben sich guckt.

Eine Hamburgerin (23) dagegen wollte es offensichtlich so richtig wissen. Nach einem kleinen Umtrunk in ihrer schönen Stadt zog sie mit zwei Freunden durch die Gegend. In der Nähe des Hauptbahnhofs kamen dann zwei aus dem Trio – darunter die Studentin – auf die verhängnisvolle Idee, einen Strommast zu erklettern. Ich könnte jetzt hier sicher ein Dutzend Beweise dafür aufführen, dass das grundsätzlich eine ganz schlechte Idee ist. In diesem Fall war es das ohne Zweifel. Die Feuerwehr vermutet, dass sie dort oben einen starken elektrischen Schlag bekam. Daraufhin fiel sie vom Mast – rund zwanzig Meter tief.

Welches der beiden Ereignisse am Ende tödlich war, ist im Prinzip uninteressant. Denn die eigentliche Todesursache lautet: Übermut.

Feldweg-Rennradfahrer stirbt auf Straße

Reken, Juni 2010 • Kaum ein Nicht-Rennrad-fahrer hat Zweifel daran, dass diese Ma-schinen eigentlich nicht in den normalen Straßenverkehr gehören. Radrennen werden unter künstlichen Bedingungen gefahren, da gibt es keine Straßenverkehrsordnung, keine Kreuzungen, keine Ampeln, keinen Gegenverkehr, keine Autos. Niemand hat etwas gegen Rennradfahrer, solange sie nicht alle Regeln ihrem Interesse unterordnen. Solange sie wie normale Radfahrer die Regeln beachten und aufmerksam am Verkehr teilnehmen.

Dass dieses »Achtung, hier komm' ich« auch ein Merkmal der evolutionären Auslese sein kann, bewies nun wieder mal ein Rennradfahrer. Der Bochumer (45) wollte von einem Feldweg auf die Landstraße 652 wechseln. Dabei achtete er keinen Augenblick auf den kreuzenden Verkehr. Er fuhr einfach auf die Landstraße auf. Dort erwischte ihn dann auch sofort das Auto eines Rekeners (33). Er wurde in den Straßengraben geschleudert und später von einem Hubschrauber in ein Münsteraner Klinikum geflogen. Im Krankenhaus erlag der Sportsmann seinen schweren Verletzungen. Wie zu erwarten hatte der Autofahrer keinen Kratzer — muss jetzt allerdings mit diesem Erlebnis fertig werden.

FRANKFURTER BRÜCKEN-SPRINGER

Frankfurt, Juni 2010 • Spaß ist eines der Dinge im Leben, das von jedem Menschen anders bewertet wird. Für die einen ist zum Beispiel Golfspielen ein Spaß, während andere Golf als »Sportart für Impotente« betrachten. Manche Leute empfinden es als Spaß, ins Freibad zu gehen, während andere das als Gemeinschaftsbaden der Unterschichten sehen.

Und dann gibt es die Sorte Spaß, die man am nächsten Morgen lieber verdrängen würde … wenn es einen nächsten Morgen gäbe. Diese Sorte Spaß empfand wohl der junge Mann (29), der mit seinen Kumpeln nach einer Sauftour darüber sinnierte, wie es wohl wäre, jetzt von der Frankfurter Ignatz-Bubis-Brücke in den nächtlichen Main zu springen. Gesagt, getan – abgetaucht. Fünf Tage später fand man seine Leiche einige Kilometer flussabwärts am Niederräder Ufer.

Grill-rauch killt Schreber-gärtner

Wolfen, Juni 2010 • Das Grillen spaltet die Welt. Für die einen ist es das ultimative Vergnügen daran, einen Garten oder einen Balkon zu haben. Für die anderen ist es ein terroristischer Angriff der Unterschichten auf den Feierabendgenuss.

Ein Schrebergärtner (54) aus Wolfen in Sachsen-Anhalt wird jetzt keine Rauchwolken mehr produzieren können, hat er doch eine der wichtigsten Regeln des Grillens vergessen: Nach dem Essen bleibt der Grill draußen, bis das Feuer ganz aus ist.

Vermutlich um sich noch an der Glut zu wärmen, nahm das spätere Opfer den Grill mit in seine Gartenlaube, in der er mit einem Bekannten (63) übernachten wollte. Dabei machte er eine (letzte) Erfahrung, die bereits Tausende im alten Rom getötet hatte, bevor das Schlafen bei offenem Fenster erfunden wurde: Glühende Kohle setzt Kohlenmonoxid frei, und Kohlenmonoxid ist giftig.

Ein Anwohner fand die bewusstlosen Männer am nächsten Nachmittag und verständigte den Rettungsdienst. Der Schrebergärtner starb noch in der Gartenlaube, sein Kumpel kam ins Krankenhaus.

JOGGER FÄLLT VON DER MAUER

Kufstein, Juli 2010 • Als Kind bin ich gerne auf niedrigen Mauern gelaufen, um spielerisch meinen Gleichgewichtssinn zu trainieren. Später habe ich mit einer helfenden Hand meiner kleinen Tochter dabei zugesehen. Allerdings kämen wohl weder Sie noch ich auf die Idee, auf einer Mauer zu joggen.

Ein Kufsteiner (42) fand diesen Gedanken aber scheinbar spannend und setzte ihn – nach den Ermittlungen der Polizei – in die Tat um.

Anstatt einfach neben dem schönen Inn her zu traben, wie es die ganzen anderen Jogger machen, stieg er auf das kleine Begrenzungsmäuerchen und lief dort. Irgendwann rutschte er dabei allerdings aus, fiel die Mauer herunter und schlug mit dem Kopf auf der Uferböschung auf. Von dort purzelte er dann noch in den Fluss.

Verkehrsinsel katapultiert Harley-Fahrer in die Luft

Aschaffenburg, Juli 2010 • Das Opfer (54)
hatte in der Schweinheimer Straße in Aschaffenburg mit seiner Harley wohl zum Überholen
angesetzt, weil er an einem PKW vorbei
wollte. Unglücklicherweise übersah er eine
Verkehrsinsel und überfuhr diese. Dadurch
wurde er mit seinem Bike in die Luft katapultiert — nachdem er noch ein Verkehrsschild abgerissen hatte.

Die Harley landete im Bereich der Kreu-
zung. Der Fahrer etwa dreißig Meter später.
Sein Helm schaffte es noch mal zwanzig Meter
weiter. Trotz schneller Hilfe verstarb der
Biker noch am Unfallort. Wie die Polizei
mitteilte, hatte er weder einen Führerschein
für die Karre — noch war diese zugelassen.

Beim Graffiti erwischt

Rathenow (Brandenburg), Juli 2010 • Mindestens zwei Jugendliche (beide 15) trieben sich in den Morgenstunden an der Havelbrücke in Rathenow herum, um dort einen Güterzug zu beschmieren. Da kam auf einem benachbarten Gleis der ICE 375 angebraust, der gerade von Berlin in die Schweiz fuhr. Mit etwa 120 Stundenkilometern fuhr er in die »Künstlergruppe«. Einer der beiden Jugendlichen, die vor ihrer Graffiti-Aktion noch von ein paar Kleingärtnern beim Campen in der Nähe der Gleise gesehen worden waren, war sofort tot. Der andere wurde schwer verletzt und erlag wenig später im Krankenhaus seinen Verletzungen.

Rechts überholt –
Bus übersehen

Wiesbaden, Juli 2010 • Auf der Berliner Straße in Wiesbaden gibt es wohl eine Busspur. Die dürfen — erinnern wir uns kurz an die Fahrschule — von Bussen und manchmal von Taxen befahren werden. Nicht von Motorradfahrern. Das hatte ein Biker (29) wohl vergessen. Wie auch die Tatsache, dass man nicht einfach rechts Autos überholen darf.

War ihm der zweispurige Autoverkehr an dieser Stelle zu langsam? Hatte er es eilig und betrachtete die Busspur als praktische Alternative zum üblichen Straßenverkehr? Wir werden es nie erfahren. Denn der junge Mann gab Gas und »übersah« dabei einen Bus, der dort an einer Bushaltestelle stand. Bevor er sich noch einmal umentscheiden konnte, bretterte er ins Heck des Busses und verstarb dortselbst.

Verteilerkastendieb erliegt Stromschlag

Zwönitz, Juli 2010 • Manche Leute stellen sich die seltsamsten Sachen in den Garten. Ich rede hier nicht einmal unbedingt vom Gartenzwerg. Ein Bekannter von mir hatte eine (funktionstüchtige!) Verkehrsampel im Garten, die er irgendwo ersteigert hatte. Ein anderer Bekannter hatte in seinem Garten ein ausgeschlachtetes Auto stehen. Als Spielzeug für seine Kinder.

Das Opfer des aktuellen Falles wollte sich einen Stromverteilerkasten in den Garten stellen. Allerdings musste er sich den erst noch besorgen. Und die passende Quelle glaubte er auch schon gefunden zu haben. Der Mann (25) aus Zwönitz wollte – in Begleitung von drei Jungs (16 und 17) – in einer stillgelegten Fabrik einen Verteilerkasten klauen. Das wäre vermutlich auch gutgegangen, wenn er mit seiner Vermutung recht gehabt hätte, dass der Kasten schon vom Stromnetz abgeklemmt war. Hatte er aber nicht!

Bei der Demontage kam er in Kontakt mit einem stromführenden Kabel und erlitt durch die 400 Volt einen tödlichen Stromschlag.

Auslesekriterium Giftpilze

Braunschweig, August 2010 • Ich habe vor vielen Jahren mal mit einem Freund und einem Buch in der Hand im Berliner Forst Pilze gesammelt. Das Buch war ganz gut und die Pilze eigentlich auch nicht zu verwechseln. Jedenfalls haben wir sie gebraten und gegessen. Alles bestens.

So viel Glück (oder ein so gutes Buch) hatte eine Braunschweigerin nicht. Mit Verdacht auf eine Pilzvergiftung wurde sie ins Braunschweiger Klinikum eingewiesen. Wie sich herausstellte, hatte sie nach Champignons gesucht – aber dann Knollenblätterpilze gefunden – und gegessen.

Gegen Nachmittag verstarb die Dame. Zufällig lag zum selben Zeitpunkt im selben Krankenhaus eine weitere Frau, die eine Vergiftung mit Knollenblätterpilzen erlitten hatte – und durchkam.

Finger weg vom ⚡ Strom!

St. Stefan (Kärnten, Österreich), August 2010 • Auf dem Land ist manches anders, als es ein Stadtkind gewohnt ist. Strom zum Beispiel erreicht das Haus oft nicht unterirdisch, um dann irgendwo als Steckdose zu enden. Vielmehr erreicht der Strom die ländlichen Regionen über lange Überlandleitungen, um dann »am Hof« an einem Mast zu enden.

Und dort muss er dann erst einmal in ein häusliches Format gebracht werden. Dafür gibt es Fachkräfte. Die haben das gelernt. Die wissen, wie man das macht. Wer das nicht machen sollte, ist der sparsame Bauer!

Und diese letzte Erfahrung machte nun auch ein Landwirt aus Österreich. Um die Energielieferung zu seinem Geräteschuppen wieder zu aktivieren (unnötig zu erwähnen, dass er dazu weder befugt noch ausgebildet war), war er mit einer Leiter den besagten Mast hochgeklettert. Wahrscheinlich war er dabei mit dem Schraubenzieher an die Leitung gekommen. Jedenfalls hat es ihn von der Leiter gehauen – er verstarb unterhalb des Pfostens.

Zu schwungvoll gedroht?

Weimar, September 2010 • Menschen kommen zusammen. Menschen trennen sich wieder. Die Bindung zwischen Menschen ist oft sehr intensiv, und umso schwerer tut sich so mancher Zeitgenosse mit der Trennung. Sehr schwer traf es wohl einen jungen Mann (27) in Weimar.

Eigentlich sollte es an diesem Abend eine Aussprache zwischen dem Mann und seiner Freundin geben. Weil die ganze Sache sich etwas hochschaukelte, hat die Frau einen Bekannten als Schlichter dazu gebeten. Doch ohne Vorwarnung schwang sich ihr Freund auf die Brüstung des Balkons.

Die Zeugen waren sich sicher, dass er sie eigentlich nur erschrecken und mit einem Sprung drohen wollte. Doch leider hatte er etwas zu viel Schwung und fiel über die Brüstung. Kurz konnte er sich noch festhalten, dann stürzte er — sieben Etagen tief. Dabei zog er sich tödliche Verletzungen zu.

Verkehrsinsel ——— als Sprungschanze

Ayrhof, September 2010 • So etwas bekommt man sonst bestenfalls im Zirkus oder auf Stuntshows zu sehen. Nur geht es dort in aller Regel besser aus. Ein Motorradfahrer (42) hatte auf der B58 in Ayrhof mit hoher Geschwindigkeit eine ganze Reihe von Autos überholt. Womit er allerdings nicht gerechnet hatte, war die vor zwei Monaten neu errichtete Verkehrsinsel. Wegen des Gegenverkehrs war ihm auch ein Ausweichen nach links verwehrt. Also schoss er über die angeschrägte Insel und hob ab.

Nach rund vierzig Metern hatte er wieder Bodenkontakt, wobei sein Helm aufbrach und sich vom Kopf löste. Danach rutschen Biker und Bike noch etwa hundert Meter über den Asphalt. Diese Landung überlebte der Kawasaki-Pilot leider nicht.

Nur der Vollständigkeit halber – auch wenn es uns doch eigentlich allen klar war – erwähne ich, dass an dieser Stelle die erlaubte Höchstgeschwindigkeit achtzig Stundenkilometer betrug und selbstverständlich Überholverbot herrschte.

SEXUNFALL mit PROPANGAS und GASMASKE

Greifswald, Oktober 2010 • Anders als die Überschrift vielleicht vermuten lässt, hat sich das männliche Opfer (39) nicht mit dem Gas in die Luft gesprengt. Was genau passiert ist, lässt sich für uns »Normalos« nur erraten. Jedenfalls fand man ihn des Abends nackt und tot in der Halle eines Abschleppdienstes. Neben ihm lagen eine Propangasflasche sowie eine Gasmaske.

Hmm, also ich konnte — ehrlich gesagt — nicht einmal annähernd erraten, was er da gemacht hatte. Aber die Polizei ging von einem selbstverschuldeten, auto-erotischen Unfall aus. Dabei kamen Gas und Gasmaske wohl in irgendeiner Weise als Onanierhilfe ins Spiel, doch dann hat er's übertrieben — also die Gasdosis meine ich jetzt.

Mit selbst-
gebasteltem
Feuerwerk
in die Luft
gegangen

Morsbach-Berghausen, Oktober 2010 • Feuerwerks-körper gehören nicht in Kinderhände. Und das Herstellen von Feuerwerkskörpern ist ein gefährlicher Beruf, den man lernen muss und für den man viele Sicherheitsvorschriften zu beachten hat. Wenn aber jemand die Pyrotechnik als Hobby betreibt, passiert es leider viel zu oft, dass diese Regeln nicht alle befolgt werden. Wie im Falle eines Mannes (56) aus Morsbach-Berghausen.

Die Nachbarn berichteten von prächtigen Feuerwerken zu Silvester. Und zum Zwecke dieser gefährlichen Bastelei unterhielt er auf dem Dachboden eine eigene Werkstatt.

Gegen halb eins hörten Nachbarn ein dumpfes Geräusch aus dem Haus, dachten aber nicht an eine Explosion. Um Viertel vor sechs kam die Ehefrau des Mannes nach Hause und wollte nach ihrem Mann sehen. Trotz notärztlichen Einsatzes konnte das Leben des Bastlers nicht gerettet werden.

Die Polizei sprach von einem Tod durch »unsachgemäßen Umgang mit Sprengstoffen«. Chemikalien und Plastikhülsen zur Herstellung der Knaller wurden durch LKA-Mitarbeiter sachgerecht entsorgt.

Auf dem Hof frontal gegen eine Mauer

Zirndorf, Oktober 2010 • Auf nichtöffentlichen, abgesperrten Geländen darf man ja durchaus mit Kraftfahrzeugen rumfahren, ohne sich um die Straßenverkehrsordnung kümmern zu müssen. Trotzdem sollte man sich den Regeln der Vernunft und Vorsicht unterwerfen.

Diese Erkenntnis wird ein Zirndorfer (34) aus seinem Fehler nicht mehr ziehen können. Gegen ein Uhr mittags fuhr er mit seiner Yamaha auf dem Garagenhof seines Grundstückes herum. Aus nicht geklärten Gründen setzte er das Motorrad frontal gegen eine Mauer. Da er keinen Helm trug, zog er sich bei dem Unfall tödliche Kopfverletzungen zu, denen er noch auf dem Hof erlag. Das Motorrad hatte einen Totalschaden.

Ohne
Führerschein
mit Mamas
BMW
durch die
Wand
in die Küche

Weng bei Überackern (Oberösterreich), November 2010 • Hier hat dummer Leichtsinn gleich das Leben von drei Menschen gekostet, von denen zwei gerade einmal fünfzehn und sechzehn wurden!

Ein Hilfsarbeiter (20) aus Hochburg-Ach hatte sich den 320er BMW seiner Mutter »ausgeborgt« – ohne ihr Bescheid zu sagen. Sie hätte ihm den wohl auch nicht gegeben, da er nicht einmal einen Führerschein besaß.

Nach einer Kneipentour wollte er zwei Teenager (15 und 16) nach Hause fahren. Auf der Weilhart Landesstraße gilt ein Tempolimit von achtzig Stundenkilometern. Das dürfte der Fahrer deutlich überschritten haben, als der Wagen ins Schleudern geriet. Er kam rechts von der Straße ab, raste durch eine Betonmauer und knallte schließlich sogar durch die Hausmauer – um in der Küche zum Stehen zu kommen.

Dabei kamen alle drei Insassen des BMW ums Leben. Das beschädigte Haus musste abgestützt und gesperrt werden. Traurige Ironie: Der fünfzehnjährige Beifahrer wohnte im Haus neben der Unglücksstelle.

Familienvater stranguliert sich beim Onanieren

Köln, Datum unbekannt • Es geht nicht um Kung-Fu-Filmlegende David Carradine ... das kriegen wir hier in Deutschland auch ganz alleine hin. Na ja, nicht das mit dem Kung Fu — aber das mit dem Ersticken bei der Selbstbefriedigung.

Denn genau das passierte offenbar einem Familienvater aus Köln. Der Manager hatte gewartet, bis Frau und Kinder das Haus verlassen hatten. Dann holte er einen Lederdress aus dem Versteck — im Schritt offen. Dazu eine Kette um den Hals, die er am Kopfteil des Bettes befestigte. Und so fand ihn auch seine Frau, als sie nach Hause kam — nur war er da bereits erstickt. Die Gattin glaubte an einen Mord und alarmierte die Polizei. Schließlich hatte sie so etwas noch nie bei ihrem Mann gesehen! Und weil sie

Berichten zufolge die Lebensversicherung
kassieren wollte, kam die Sache schließlich
vor Gericht. Dort stellte sich das Ganze
dann eben nicht als Mord, sondern als »auto-
erotischer Unfall« heraus.

Der Mann stand drauf, wenn ihm beim
Onanieren die Luft wegblieb. Also legte er
sich im Lederdress aufs Ehebett, das prak-
tischerweise über ein elektrisch verstell-
bares Kopfteil verfügte. Dieses ließ er immer wieder rauf und runter fahren, und weil
sein Hals in einer Kette hing, drückte der
Vorgang ihm die Gurgel zu.

Mit einer Hand im Schritt und einer an der
Fernbedienung ging alles gut ... bis ihm die
Fernbedienung aus der Hand fiel. Leider fuhr
aber das Kopfteil immer weiter nach oben.
Weiter als der Manager sich das gewünscht
hatte. Weiter als gut für ihn war — denn
dadurch wurde er stranguliert.

Kein Mord, sondern ein Konzeptfehler.
Und dafür muss die Lebensversicherung nicht
zahlen.

Quellennachweise

Spannungsbogen auf der Regionalbahn: pr-inside.de, hr-online.de

Musik zu laut: az-web.de

So ein Mist!: OÖNachrichten

Machete – Hausbrand – Zusammenstoß: Welt, Topnews, Netzzeitung

Betrunkener überfährt Betrunkenen: Tagespiegel

Laster samt Fahrer unter Strom: OÖNachrichten

Bodybuilder stirbt an Sprengstoffpille: Westfälische Nachrichten, Welt online

Arbeiter von Quarkpresse erschlagen: oe24.at

Sieben Meter in die Baugrube: AdHoc News

Kirmesbesucher springt aus Bus: Frankfurter Rundschau

Auto überrollt seinen Fahrer: Basler Zeitung

Tödlicher Wheelie: Polizeipresse

Im Wagen hinter mir: Der Westen

Wiener Autodieb endet an Pfeiler: verschiedene österreichische Zeitungen

Regionalbahn vs. Rentner 1:0: Passauer Neue Presse

Schicht im Fahrstuhlschacht: Polizeipresse, RP Online

Brandstifter stirbt in eigenem Feuer: PR-Inside, Neue OZ, Mindener Tageblatt

Rentner beim Reifenwechsel: Ostsee-Zeitung

Tod beim Reifenflicken: Polizei Wiesbaden

Beim Schlafen vom Dach und auf den Kopf gefallen: Polizeipresse, Fuldainfo, RBB-Online

Autofahrer stirbt nach Unfall mit Fahrrad: Express, az-web.de

Vor Laterne gesprungen – Lichter aus: Welt, Express

Unterm Wohnmobil: Aller Zeitung, Polizeipresse, Ad Hoc News

Grazer lässt sich kielholen: Kleine Zeitung, Liveradio

Tödlicher Privatstrom: Südkurier, Polizeipresse

Nach dem Pinkeln eingeschlafen – und überfahren: ORF, Kleine Zeitung, Die Presse

Bohnermaschine stranguliert Parkettkosmetikerin: Der Spiegel, ORF, Schwäbische Zeitung

Beim Klauen im Altkleidercontainer gestorben: Polizeibericht, Abendblatt, Harburger Nachrichten

Explosion aus Rache: Polizeibericht

Vom Geländer auf die Autobahn balanciert: b2b, hr-online.de, AdHoc-News, PRInside

Nichtschwimmer ertrinken beim Angeln: Polizeibericht, Die Welt online

Von der Brücke gepinkelt?: Tagesspiegel, Express, PR-Inside, Stuttgarter Nachrichten

Mit dem Go-Kart in die Mauer: Polizeibericht

Angler plumpst mit Auto ins Hafenbecken: Polizeiberichte Polizei Minden, verschiedene Tageszeitungen

Ungesichert im Mais versunken: Badische Zeitung, Baden online

Betrunkener ertrinkt im Gulli: n-tv, Hamburger Abendblatt, Süddeutsche Zeitung

Nach Unfallflucht betrunken erfroren: Frankenpost, Süddeutsche Zeitung, Augsburger Allgemeine

Beim Pinkeln vom Zug erwischt: Polizeibericht

Als Nachtisch russisches Roulette: verschiedene Tageszeitungen

Kopf im Gartenteich gelöscht?: Polizeibericht, SHZ, HL-Live

Mit Gipsbein und Krücken übern Zaun: Wetterauer Zeitung

Schaufensterscheibe erlegt Einbrecher: azonline, Tagesanzeiger

Bei Notdurft selbst erdrosselt: Kleine Zeitung Steiermark, ORF

Betrunken aus dem Klofenster: ORF, oe24.at

Der missglückte Balkon-Stunt: Polizeiberichte, verschiedene Zeitungen

Mit der Bierbank die Sprungschanze runter: Der Spiegel, Noows, Welt

Der eigene Sicherheitszaun: Zollern-Alb-Kurier

Letzter Kopfsprung in die Regnitz: Kanal8, Focus, Noows

Fahrlehrer rast in Schaufenster: PNP, Kanal 8, Passauer Neue Presse

Frau grillt im Wohnzimmer: Merkur, Süddeutsche Zeitung, Express, Bild

Hungrig und betrunken: Bild

Genickbruch beim Cliffdiving: Polizeibericht

Starkstrombadeunfall: Polizeibericht

Im Streit vom Balkon gefallen: Polizeibericht

Das letzte Foto: gemeldet von »Moon«, Die Welt, Tagesschau

In der Betonsteinmaschine: NewsAdhoc, Newsblogger

Fünfzehn Zentimeter Wasser: Regio Aktuell, Kanal 8

Beim Pinkeln aus Hotelfenster gefallen: oe24.at, Süddeutsche Zeitung

Mit dem Schädel gegen die Werbetafel: ORF

Geisterfahrer auf der Flucht: Berliner Morgenpost, Die Welt

Der Raucher und der explodierende Sauerstoffschlauch: Polizeibericht, Flensburg online

Hochspannung im Weidezaun: ORF

Notdurft am Dorfteich: Ad Hoc News, Freies Wort

Achtzehn Meter tief: Badische Zeitung, Südkurier

Rentner vom eigenen Auto überrollt: Augsburger Allgemeine, Radio RSA, Süddeutsche Zeitung

Beim Stuhlgang im Bach ertrunken: Passauer Neue Presse, Merkur, Oberbayerisches Volksblatt

Handbremse vergessen – vom Laster überrollt: Jenanews, Märkische Oderzeitung, Antenne Thüringen

Betrunken vom Hausdach gefallen: Polizeibericht

Der letzte Tritt des U-Bahnrandalierers: Der Tagesspiegel, Berliner Morgenpost

Mit der Gaspistole gegen die Polizei: Die Rheinlandpfalz, heute, Focus

Tod beim Reinigen der Dienstwaffe: Die Welt, Hamburger Abendblatt

Jacke auf Herdplatte kostet Studentin das Leben: oe24.at, Krone

Bei Handysuche im Gulli ertrunken: tt.com, Kleine Zeitung, Die Presse

Selbstgemachte Lawine: Rheinische Post, Südkurier

Grillheizung: ORF

Beim Stromkabelklauen gebritzelt: Die Welt, Berliner Zeitung

Erst Spiegel verkratzt und dann vom eigenen Auto überfahren: RP Online, Radio Trausnitz

Falscher Ausstieg: Polizeiberichte

Im Altpapiercontainer zerquetscht: Die Welt und weitere Zeitungen

Der Klassiker: Föhn in der Badewanne!: ORF, Kleine Zeitung

Motocross-Fahrer stoßen ohne Helm im Wald zusammen: Die Welt, Märkische Allgemeine

Von der Leiter gefallen – sechs Etagen tief!: T-Online-news

Polnischer Tourist stirbt bei Probefahrt mit Roller: Polizeibericht, Aachener Zeitung

Feier endet mit Starkstromschlag: Pforzheimer Zeitung

Hamburger Studentin fällt vom Strommast: Hamburger Abendblatt

Feldweg-Rennradfahrer stirbt auf Straße: Bocholter-Borkener Volksblatt,
    Allgemeine Zeitung

Frankfurter Brückenspringer: FAZ

Grillrauch killt Schrebergärtner: AdHocNews, MDR

Jogger fällt von der Mauer: tt.com

Verkehrsinsel katapultiert Harley-Fahrer in die Luft: Mainpost, Oberbaye-
    risches Volksblatt

Beim Graffiti erwischt: Die Welt, Der Spiegel

Rechts überholt – Bus übersehen: Polizeibericht, NH24

Verteilerkastendieb erliegt Stromschlag: Freie Presse, RP Online

Auslesekriterium Giftpilze: Newsklick, T-Online, Bild

Finger weg vom Strom!: oe24.at, Kleine Zeitung, ORF

Zu schwungvoll gedroht?: Thüringer Allgemeine

Verkehrsinsel als Sprungschanze: Polizeibericht

Sexunfall mit Propangas und Gasmaske: Ostsee-Zeitung

Mit selbstgebasteltem Feuerwerk in die Luft gegangen: Kölnische Rund-
    schau, Polizeibericht

Auf dem Hof frontal gegen eine Mauer: Polizeibericht

Ohne Führerschein mit Mamas BMW durch die Wand in die Küche: Kurier

Familienvater stranguliert sich beim Onanieren: Bild, Express